VINHOS *versus* CERVEJAS

UMA COMPARAÇÃO HISTÓRICA,
TECNOLÓGICA E SOCIAL

OBRA ATUALIZADA CONFORME
O **NOVO ACORDO ORTOGRÁFICO**
DA LÍNGUA PORTUGUESA.

Dados Internacionais de Catalogação na Publicação (CIP)
(Câmara Brasileira do Livro, SP, Brasil)

Bamforth, Charles
  Vinhos *versus* cervejas : uma comparação história, tecnológica e social / Charles Bamforth ; tradução Lenita Esteves. – São Paulo: Editora Senac São Paulo, 2011.

  Título original: *Grape vs. grain : a historical, technological, and social comparison of wine and beer.*

  Bibliografia.
  ISBN 978-85-396-0157-8

  1. Bebidas fermentadas 2. Vinho e vinificação I. Título.

11-08997   CDD-641.22

Índice para catálogo sistemático:
1. Vinhos : Bebidas fermentadas :
Alimentos e bebidas   641.22

VINHOS *versus* CERVEJAS

UMA COMPARAÇÃO HISTÓRICA,
TECNOLÓGICA E SOCIAL

Charles Bamforth
Universidade da Califórnia, Davis

TRADUÇÃO: LENITA ESTEVES

EDITORA SENAC SÃO PAULO – SÃO PAULO – 2011

ADMINISTRAÇÃO REGIONAL DO SENAC NO ESTADO DE SÃO PAULO
Presidente do Conselho Regional: Abram Szajman
Diretor do Departamento Regional: Luiz Francisco de A. Salgado
Superintendente Universitário e de Desenvolvimento: Luiz Carlos Dourado

EDITORA SENAC SÃO PAULO
Conselho Editorial: Luiz Francisco de A. Salgado
　　　　　　　　　　Luiz Carlos Dourado
　　　　　　　　　　Darcio Sayad Maia
　　　　　　　　　　Lucila Mara Sbrana Sciotti
　　　　　　　　　　Jeane Passos de Souza

Gerente/Publisher: Jeane Passos de Souza (jpassos@sp.senac.br)
Coordenação Editorial/Prospecção: Luís Américo Tousi Botelho (luis.tbotelho@sp.senac.br)
　　　　　　　　　　　　　　　　Márcia Cavalheiro Rodrigues de Almeida (mcavalhe@sp.senac.br)
Administrativo: João Almeida Santos (joao.santos@sp.senac.br)
Comercial: Marcos Telmo da Costa (mtcosta@sp.senac.br)

Edição de Texto: Vanessa Rodrigues
Preparação de Texto: Patrícia Vilar
Revisão Técnica: Marcelo Moss
Revisão de Texto: Luciana Baraldi, Jandira Queiroz, Johannes C. Bergmann,
　　　　　　　　　Luiza Elena Luchini (coord.), Sandra Brazil
Projeto Gráfico e Capa: Antonio Carlos De Angelis
Foto da Capa: Mark Tooker, © iStockPhoto
Impressão e Acabamento: Gráfica CS Eireli

Traduzido de *Grape versus Grain: a historical, technological,
and social comparison of wine and beer*
Cambridge University Press
© Charles Bamforth, 2008

Proibida a reprodução sem autorização expressa.
Todos os direitos reservados a
Editora Senac São Paulo
Rua 24 de Maio, 208 – 3º andar – Centro – CEP 01041-000
Caixa Postal 1120 – CEP 01032-970 – São Paulo – SP
Tel. (11) 2187-4450 – Fax (11) 2187-4486
E-mail: editora@sp.senac.br
Home page: http://www.editorasenacsp.com.br

© Edição brasileira: Editora Senac São Paulo, 2011

SUMÁRIO

Nota do editor, 7
Prefácio, 11

1. Cerveja e vinho: alguns comentários socioculturais, 15
2. Uma breve história do vinho, 31
3. Uma breve história da cerveja, 45
4. Como se faz o vinho, 91
5. Como se faz a cerveja, 113
6. A qualidade do vinho, 145
7. A qualidade da cerveja, 159
8. Tipos de vinho, 177
9. Tipos de cerveja, 193
10. Os benefícios do vinho e da cerveja para a saúde, 221
11. Conclusões sobre a cerveja, o vinho – e o futuro, 245

Leitura complementar, 267
Índice remissivo, 269

NOTA DO EDITOR

Tanto a cerveja quanto o vinho têm histórias que atravessam milênios. O autor de *Vinhos versus cervejas: uma comparação histórica, tecnológica e social* é um estudioso da bebida dos grãos e não esconde sua preferência. Assim, para Charles Bamforth, nessa trajetória milenar, o fermentado da uva é proveniente de uma arte precária, enquanto a cerveja resulta de uma ciência sofisticada.

As informações sobre a produção cervejeira, apresentadas como uma gostosa conversa à mesa, são um dos trunfos deste livro. Mas Bamforth também consegue brindar o leitor com uma instrutiva combinação de geografia, sociologia, medicina, economia e até política em torno do vinho e da cerveja, estabelecendo um debate provocador sobre mercado, estilos e efeitos na nutrição humana.

Com esta publicação, o Senac São Paulo reafirma seu compromisso de levar ao público profissional e de estudantes obras que ampliem sua consciência crítica – nesse caso, com uma leitura que fermenta o conhecimento sobre as duas bebidas favoritas do planeta.

Para Charlie's Angels

PREFÁCIO

Cheguei ao aeroporto londrino de Heathrow vindo da Índia, com escala em Frankfurt. A espera de quatro horas no aeroporto alemão não me incomodou nem um pouco. Odeio fazer conexões com tempo exíguo e, além disso, pude saborear linguiças e Weissbier enquanto lia calmamente meu jornal, com um leve burburinho de conversas ao meu redor.

Mais tarde, no mesmo dia, vi-me, pela primeira vez em vários anos, no centro de Londres. Caminhando na direção do Hyde Park Corner no lusco-fusco do início da noite, ocorreu-me que o tráfego na direção de West End estava muito mais pesado do que eu podia recordar da época em que era um visitante mais frequente e morava bem perto dali. Enquanto eu ia andando, ouvi uma estupenda gritaria e voltei-me para ver duas garotas, provavelmente no final da adolescência, penduradas para fora (no pleno sentido da palavra) das janelas de uma limusine, fazendo movimentos frenéticos.

Não dei muita atenção à cena – sem dúvida, uma aberração – e continuei minha caminhada, chegando finalmente ao The Crown, na Brewer Street, perto do Piccadilly Circus. Eu conhecia esse lugar havia muito tempo, e, na verdade, pouca coisa havia mudado em seu interior, com a exceção do bar. Havia muitas e muitas torneiras que serviam cerveja, mas uma única bomba para tirar a tradicional Ale inglesa do barril. Tomei uma caneca desta última, uma excelente Charles Wells Bombardier.

Meia hora depois, ocupei uma mesa em um restaurante italiano na Wardour Street e reguei uma viçosa salada e um suculento fígado de cordeiro com taças sucessivas dos vinhos da casa, branco e tinto, ambos de boas safras italianas. Não havia muita variedade no cardápio em termos de cerveja.

Voltando em direção à estação do metrô, decidi passar por mais um *pub*, o St. James Tavern, na Great Windmill Street (na *minha idade*, eu precisava muito mais do banheiro do que de outra caneca). Na porta, o segurança me olhou de forma curiosa, mas não disse quase nada. Logo percebi por quê. Eu, um cinquentão com uma respeitável barriga e pouco cabelo, devo ter parecido uma castanha solitária em meio a um monte de passas. O lugar estava fervendo. Pessoas muito jovens gritavam para ser ouvidas acima de uma rajada de decibéis que, com certeza, poderiam causar sangramento em seus ouvidos. Não se via copo algum; na verdade, todos tinham junto ao peito (ali não havia lugar para esticar os braços) garrafas *long neck* de cervejas do tipo premium Lager ou de "bebidas *ice*", bebidas alcoólicas gaseificadas e com variações de sabor. Estiquei o pescoço para ver o bar, mas não encontrei evidências imediatas de bombas de cerveja. Sentindo-me claustrofóbico, dirigi-me ao banheiro. Quando cheguei à porta, observei que o vaso estava aos pedaços. Quase em pânico, fui abrindo caminho até me aproximar de novo do segurança. "Acho que tenho o dobro

[PREFÁCIO]

da idade das pessoas aqui." Ele ensaiou um sorriso maroto e olhou em outra direção.

De novo na rua, enquanto eu respirava fundo para retomar o fôlego, outra limusine passou por mim em meio à confusão de carros, inconvenientes riquixás e pessoas lotando as calçadas. Das janelas da limusine, garotas soltavam gritos estridentes.

Aturdido, acomodado no assento do metrô que me levaria de volta ao hotel, refleti que naquele dia eu tinha testemunhado evidências cabais da tese que é o cerne deste livro. A Londres do início do século XXI é uma prova viva de por que o álcool, mais especialmente a cerveja, angariou uma imagem tão negativa entre muitas pessoas.

Em menos de um dia, observei exemplos do declínio de valores locais tradicionais de um setor respeitável (a escassez, em Londres, da cerveja de barril). Entretanto, eu havia confirmado como a cerveja (a de trigo da Alemanha) também pode ser tratada com respeito, além de constituir um acompanhamento perfeito para refeições. Testemunhei a evolução do ritual que envolve a bebida nos dias de hoje – que tem pouco ou nada que ver com os critérios de qualidade que descrevo para o vinho e para a cerveja neste livro e tudo que ver com exibições de agressão sexual e de outros tipos, bem como uma mania por festas barulhentas.

A responsabilidade por isso pode ser atribuída aos produtores. Na verdade, são os *distribuidores* de bebidas alcoólicas que vêm deixando a desejar, tanto por estimularem os jovens a essas exibições de liberalidade quanto por não enfatizarem nem divulgarem no mercado os genuínos atributos positivos das bebidas alcoólicas, que se tornaram secundários. "Moderação" é uma palavra que não aparece no dicionário dessas pessoas.

Este livro é sobre cerveja e vinho. Ele fala do valor de cada bebida como parte de um respeitável, respeitoso e comedido estilo de vida. Acima de tudo, porém, com base na lamentável crença de que a cerveja é uma pobre coitada no mundo do álcool, com o vinho surfando nas ondas da respeitabilidade, busco comparar essas duas bebidas tomando como parâmetros sua história, sua tecnologia, sua apreciação científica e artística e seus efeitos no corpo humano. Para tanto – e refletindo meu ramo profissional –, o objetivo desta obra é principalmente demonstrar como a cerveja é um produto de excelência e sofisticação comparáveis às do vinho. Procuro fazer isso defendendo a cerveja e, ao mesmo tempo, sendo inteiramente justo para com aquela outra bebida nobre.

CAPÍTULO 1

CERVEJA E VINHO:
ALGUNS COMENTÁRIOS SOCIOCULTURAIS

[CERVEJA E VINHO: ALGUNS COMENTÁRIOS SOCIOCULTURAIS]

Preciso abrir o jogo e admitir que trabalhei na indústria de cerveja durante quase trinta anos. Portanto, não deve ser surpresa o fato de eu beber cerveja. Gosto de cerveja. Admiro os fabricantes de cerveja. Acho que eles estão entre as pessoas mais habilidosas, dedicadas e engenhosas do planeta. São, também, pessoas com charme.

Entretanto, não desgosto do vinho nem dos vinicultores e enólogos que trazem esse incrível produto para o mercado. Bebo vinho, embora prefira a cerveja. Acredito que o fabricante de cerveja tem muito a aprender com o fabricante de vinho no sentido de estabelecer seu produto como um componente de uma vida saudável e longa. Da mesma forma, o fabricante de vinho deve tirar o chapéu para o cervejeiro quando se trata de questões técnicas. Não há dúvida de que a fabricação de cerveja é superior em termos tecnológicos e científicos. Ao longo de toda a era industrial, a fabricação de cerveja se constituiu em um processo pioneiro que trouxe conhecimento para todos os outros setores que usam a fermentação, até mesmo para a fabricação de produtos farmacêuticos e dos mais recentes biotecnológicos, com sua diversidade de produtos de alto valor.

[VINHOS *VERSUS* CERVEJAS]

Neste livro, comparo a cerveja e o vinho. Não tento menosprezar o vinho. Meu objetivo é demonstrar por que os fabricantes de cerveja podem andar de cabeça erguida, tendo consciência de que seu líquido é, em cada gota, igual ao vinho, independentemente do parâmetro de comparação escolhido. Ao mesmo tempo, destaco a frustração que sinto diante do fato de muitos fabricantes de cerveja fazerem tão pouco para realmente valorizar e defender seu produto por suas qualidades inerentes, preferindo tentar apelos populares com suas ultrajantes (apesar de hilárias) propagandas e técnicas de inovação de produto, que despejam no mercado bebidas (principalmente as bebidas *ice*) assustadoramente diferentes das cervejas que apreciamos durante gerações. Para citar apenas um aspecto, comparem-se as imagens associadas com a cerveja e aquelas associadas com o vinho.

A palavra "vinho" me remete a imagens de uma casa de campo rodeada de agradável vegetação em uma região qualquer da França. Ou, então, imagino as fachadas da vinícola de Robert Mondavi, com seu estilo de missão espanhola, e também de vinícolas de outros nomes notáveis do Napa Valley, na Califórnia. Rememoro o ritual do sommelier que se delicia com a cerimônia de exibir a garrafa, sacar a rolha e oferecer o vinho para que seja avaliado. Acho interessantes todas aquelas fileiras de livros sobre vinhos expostos nas livrarias, volumes luxuosos exibidos com uma reverência que poderia ser dispensada à Bíblia. Imagino piqueniques familiares com cestas de vime contendo canapés de salmão defumado, com mulheres de vestidos vaporosos.

[CERVEJA E VINHO: ALGUNS COMENTÁRIOS SOCIOCULTURAIS]

O leitor vai perceber que não tenho a menor dúvida de que a cerveja poderia, com a mesma propriedade, fazer parte de situações requintadas, além de muitas outras ocasiões. Apesar disso – e estou sendo franco –, um jogo de associação que se ocupar de "cerveja" vai gerar imagens como gente falando em altos decibéis, fumaça de cigarro ou aquela praia informal. Ou imaginaremos aqueles botecos em que boa parte dos clientes estará na calçada em frente, bebendo diretamente da garrafa *long neck* ou em copos descartáveis de plástico, até porque muito dificilmente o garçom oferecerá um copo de vidro apropriado. E este poderá estar mal lavado, o que provocará a morte súbita da espuma e, na melhor das hipóteses, só permitirá a presença de algumas bolhas de outra origem. Isso se você conseguir ver as bolhas, porque o garçom talvez se dê ao trabalho de servir a cerveja inclinando o copo delicadamente, fazendo o líquido escorrer-lhe pela lateral, para *evitar* a formação de espuma. Quando é que essa gente vai aprender que o correto é despejar a cerveja no centro da base do copo, para dar ao dióxido de carbono a máxima oportunidade de se transformar em bolhas e se formar um espesso colarinho de espuma? Daí, então, ele pode deixar a garrafa, para que você decida como servir seu copo e satisfaça sua vontade, seus olhos e sua boca.

Eu me esforço para encontrar livros sobre cerveja e, quando os encontro, eles inevitavelmente se revelam um conjunto de instruções sobre como fabricar a própria cerveja em um balde, ou descrevem de mil e uma maneiras o estado de embriaguez. Palavras como "cerva", que caíram no discurso cotidiano, são mais adequadas para a fêmea do cervo, não para a cerveja. Vejo grupos de jovens barulhentos, arrotando e soltando gases, para

[VINHOS *VERSUS* CERVEJAS]

depois caírem por aí; brincadeiras de beberrões e ritos de mau comportamento.

Não sou ingênuo. Sei qual é o segmento da sociedade que bebe a maior quantidade de cerveja: os jovens do sexo masculino. Nem em um milhão de anos eu pensaria em sugerir que os fabricantes de cerveja e os publicitários voltassem as costas para esse setor. Meu desejo é que os fabricantes de cerveja percebam (como acontece com alguns) que podem dirigir suas mensagens também para aqueles que, atualmente, saboreiam seus vinhos e talvez não percebam a linhagem e o potencial da bebida elaborada com o grão.

Apesar disso, viajando pelo mundo é possível encontrar culturas em que a cerveja é muito apreciada e considerada uma bebida que está acima do vinho; lugares em que, na verdade, ela é um traço cultural inerente. Em nenhum outro lugar isso é mais verdadeiro do que na Bélgica. Lá, a diversidade de cervejas é imensa: não há uma ocasião que não seja adequada para o consumo de cerveja, com exceção da consagração na missa. E não é só isso, a cerveja deve ser apresentada com todo um ritual de reverência que não fica nem um pouco atrás do que é exigido quando se serve um bom vinho.

Lembro-me de uma visita à casa de um bom amigo em Antuérpia. Ele me convidou a escolher, de sua coleção, uma cerveja para antes da refeição, e eu, obedientemente, escolhi uma após ouvi-lo pronunciar uma lista aparentemente interminável do que tinha a oferecer. A bebida só foi servida depois de 20 minutos, pois ele ficou procurando o copo correto, que tivesse o formato e as dimensões adequadas para a cerveja escolhida, aquele que exibisse o logotipo da marca em questão. Eu lhe disse que, na verdade, para mim não fazia diferença o copo em que fosse servida a cerveja. Para ele, aquilo soou como dizer que não me importava se a excelente comida que apreciaríamos a seguir fosse servida com garfos e facas de plástico e em pratos de papelão.

Portanto, a Bélgica se encaixa perfeitamente na lista dos "países da cerveja". Nessa lista também podemos colocar a República Checa (berço dos mais formidáveis bebedores de cerveja, sem dúvida), a Alemanha, a Irlanda, o Reino Unido e, sim, os Estados Unidos (tabela 1). Os "países do vinho" incluem a França e a Itália. No entanto – e isso talvez cause surpresa a alguns –, atualmente, em Portugal e na Espanha, as pessoas consomem mais litros de cerveja do que de vinho. Mas vale ressaltar que, ao fazer uma avaliação de quantidade de álcool ingerida em um país, deve-se levar em conta o teor alcoólico dos produtos avaliados.

Na análise do mercado norte-americano de cerveja – hoje o segundo no mundo em volume (atrás somente da China, onde não se observa um consumo muito grande *per capita*, mas onde há um número absurdo de pessoas) –, nota-se uma diferença significativa entre a cerveja e o vinho no que se refere a importância (tabela 1). Há um leve declínio da cerveja e um aumento do vinho ao longo do período de cinco anos estudado, embora a cerveja permaneça como principal bebida. Em relação ao vinho, os Estados Unidos, apesar do pequeno consumo *per capita*, são o terceiro maior consumidor mundial (atrás da França e da Itália).

Não há muitos países em que o consumo da cerveja esteja aumentando. A China apresenta uma história fenomenal:

[VINHOS *VERSUS* CERVEJAS]

entre 1970 e 2003, a produção anual de cerveja aumentou de 1,2 milhão para 251 milhões de hectolitros. Para contextualizar esses números, basta considerar que a produção dos Estados Unidos passou de 158 milhões para 230,8 milhões de hectolitros no mesmo período. O consumo *per capita* da China, embora esteja aumentando, permanece baixo, pois a renda disponível ainda é pequena. Dentre os países onde o consumo da cerveja *per capita* tem crescido podemos citar a Rússia (e outros países da antiga União Soviética), onde a vodca tem perdido sua compulsão, a Espanha e a Coreia do Sul.

Por outro lado, vários países vêm demonstrando um crescimento constante do consumo de vinho por pessoa; uma análise da tabela 1 demonstra isso. Mas é digno de nota o declínio do consumo de vinho nos grandes "países do vinho": França, Espanha, Itália e Portugal. Cerveja em declínio e vinho em ascensão na Alemanha; cerveja em ascensão e vinho em declínio na Espanha: não seria o caso de examinar como vive a outra metade do mundo?

Os fatores que influenciam o consumo geral de bebidas alcoólicas em qualquer comunidade são diversos e complexos, incluem estilo de vida e dados demográficos do consumidor, principalmente idade, renda disponível e, é claro, imagem. Em muitas sociedades, pessoas pertencentes às classes mais baixas passaram a ter mais acesso aos estudos e à riqueza, portanto, estão se tornando mais exigentes. Elas esperam opções e diversidade e tomam decisões com base na qualidade percebida. As pessoas comparam e é assim que, com certeza, a indústria do vinho em países como os Estados Unidos conquistou superioridade moral. O crescimento que o mercado de cerveja

TABELA 1 CONSUMO DE VINHO E CERVEJA NOS PRINCIPAIS MERCADOS

País	Cerveja consumida (litros por pessoa)		Vinho consumido (litros por pessoa)	
	1998	2003	1998	2003
Alemanha	127,4	117,5	22,8	23,6
Austrália	95,0	87,3	19,7	20,7
Bélgica	99,0	96,6	21,7	24,8
Brasil	50,2	45,9	1,4	2,0
Canadá	67,0	68,4	8,9	11,0
China	15,6	19,4	0,9	0,9
Dinamarca	107,7	96,2	29,1	30,1
Espanha	66,4	78,3	35,0	28,2
Estados Unidos	83,7	81,6	7,3	8,0
França	38,6	35,5	58,1	49,0
Irlanda	124,2	118,0	8,8	13,3
Itália	26,9	30,1	52,0	50,5
Japão	57,2	50,9	3,3	2,2
México	49,0	51,7	–	–
Países Baixos	84,3	78,7	18,4	19,6
Portugal	65,3	60,0	58,0	50,0
República Checa	160,8	161,0	15,4	16,9
Reino Unido	100,6	101,3	15,7	20,0
Rússia	22,5	51,4	6,0	8,2

Fonte: Dados gentilmente cedidos pela Associação Britânica de Cervejarias e *Pubs*.

teve nesse país reflete o interesse do consumidor por questões de saúde e bem-estar, daí a preferência pela cerveja *light*, ou o interesse por produtos diferentes das cervejas mais populares que têm sabor mais leve, ao estilo Lager, e que ainda formam o alicerce do setor. Assim, a emergência do setor de cervejas artesanais chamou a atenção dos consumidores para produtos regionais, repletos (eu diria, em alguns casos, demasiadamente repletos) de sabor. A busca por novos tipos de cerveja também

[VINHOS *VERSUS* CERVEJAS]

alimentou a demanda de produtos importados que mexem com a imaginação e pressupõem qualidade por procederem de países conhecidos pela excelência na fabricação de cerveja, como Inglaterra, Alemanha, Irlanda ou Países Baixos. Mas permanece o fato de que a maioria das cervejas importadas pelos Estados Unidos tem um caráter profundamente envelhecido e ficam com um aroma descrito pelos especialistas em degustação de cerveja como de papel ou papelão molhado. Para os conhecedores, isso é tão condenável como o sabor de rolha no vinho. Mas, mesmo assim, o consumidor compra essas cervejas, adquirindo um pouquinho de Burton, um bocado de Dublin e bastante de Stuttgart.

Tenho plena convicção de que os clientes que compram tanto os produtos importados quanto as cervejas artesanais imaginam uma cervejaria rústica, que fabrica cerveja em recipientes tradicionais e seguindo receitas antigas. Na verdade, muitas das cervejas importadas vêm de enormes fábricas que empregam as mais avançadas tecnologias e práticas. Mas algumas das microcervejarias dos Estados Unidos têm equipamentos duvidosos e mal configurados, que precisam mais investimentos, assim, a qualidade de algumas dessas cervejas, do ponto de vista da comunidade especializada, é, francamente, deplorável. Em contrapartida, as marcas produzidas em grandes volumes e que desfilam em comerciais durante os intervalos dos jogos de beisebol e basquete são extraordinárias em sua consistência, limpeza e pureza. Mesmo assim, foi a microcervejaria que capturou a imaginação do consumidor, promovendo uma ideia de sofisticação que é da mesma classe daquela engendrada pelos vinhos.

[CERVEJA E VINHO: ALGUNS COMENTÁRIOS SOCIOCULTURAIS]

Existem algumas marcas muito conhecidas de cerveja – e a Guinness está entre elas – que assumiram uma aura de lenda. Recordo-me de que, há algum tempo, recebi um *e-mail* de uma mulher me perguntando se era verdade que a diferença entre a Guinness produzida em Londres e a Guinness produzida na sede da cervejaria, em Dublin, era que, na cerveja da Irlanda, eles marinam uma vaca morta. Não, eles não fazem isso.

As principais cervejarias dos Estados Unidos e também de outros países são lugares de sofisticação e excelência. São higiênicas, arejadas, ativas e altamente produtivas. Operam 24 horas por dia, 365 dias no ano, esmerando-se na fabricação de produtos de excelência consistente. Essas cervejarias são capazes de embalar garrafas a uma velocidade que excede 1.200 unidades por minuto, ou latas no dobro dessa velocidade, muitas vezes ficam localizadas em regiões que não são o suprassumo de beleza e estão historicamente associadas a centros urbanos de alta densidade populacional. Para o consumidor, esses estabelecimentos são "fábricas", mas ninguém nunca ouve um produtor de cerveja usar esse termo. São cervejarias, com frequência bastante automatizadas, mas que sempre utilizam técnicas de fabricação tradicionais. As diferenças em relação a uma cervejaria artesanal são que os dirigentes dessas fábricas ficam mais tempo olhando para uma tela de computador, as instalações são, em geral, bem mais limpas, e o produto é, sem dúvida, de qualidade superior.

Às vezes é possível encontrar uma cervejaria de genuíno apelo estético. Por exemplo, indo na direção da microcervejaria Sierra Nevada, em Chico, na Califórnia, as pessoas encontram uma fábrica que é comparável a qualquer vinícola em termos de estilo e sofisticação e que, ao mesmo tempo, tem uma consciência tecnológica e ambiental que supera à da maioria dos produtores de vinho.

Existem algumas vinícolas que aspiram à sofisticação das megacervejarias. As "grandes fábricas" de vinho, exatamente da mesma forma que as principais cervejarias, são frequentemente criticadas por fabricarem produtos de alguma forma inferiores (quando a verdade é que, no caso das cervejas, são imensamente superiores em termos de consistência de qualidade) e são massacradas por produzirem grandes quantidades sem nenhuma qualidade. Nada poderia estar mais longe da verdade, mas o cliente, mais no caso do vinho que no da cerveja, associa qualidade e excelência com produtos de lugares rurais menores, charmosos e elegantes. É quase como se a qualidade do vinho derivasse mais da arte do arquiteto do que da técnica do vinicultor.

Os fabricantes de vinho falam em safras. A superabundância de livros sobre vinhos detalha tudo em termos de ano, variedade e vinícola. Com os fabricantes de cerveja não acontece o mesmo: uma marca é uma marca e a expectativa é de que a cerveja tenha sempre o sabor esperado, ano após ano. Portanto, não é necessário que o garçom ofereça ao cliente a oportunidade de cheirar a cerveja primeiro para convencê-lo de que o restante está adequado para o consumo. Não tem nada de ficar cheirando a tampinha da garrafa. O que significa esse ritual na hora de servir um vinho? Um componente charmoso e consagrado da experiência total de apreciar o vinho ou um testemunho vivo da incapacidade dos fabricantes de realizar o controle de qualidade? Ou ambos?

[CERVEJA E VINHO: ALGUNS COMENTÁRIOS SOCIOCULTURAIS]

Recentemente recebi um outro *e-mail* de um homem que condenava minha insistência em pregar o "evangelho da consistência". Por quê, queria ele saber, era tão importante que cada lote de cerveja fosse tão consistente com os outros. Ele gostava de surpresas. Respondi que ele não ficaria feliz se um lote de anestésico estivesse fora das especificações e não eliminasse a dor caso ele se encontrasse em meio a uma cirurgia. Também consideraria completamente inaceitável se, ao abrir uma lata, ele percebesse que sua sopa de tomate estava azul. E ficaria ligeiramente contrariado se descobrisse que os litros de gasolina variavam em sua capacidade de garantir o funcionamento normal do carro. Para mim, o mesmo princípio deveria se aplicar ao vinho, como sem dúvida alguma se aplica à cerveja: ter as expectativas satisfeitas.

Uma diferença fundamental entre a produção de cerveja e a de vinho está na justaposição de matérias-primas e processos produtivos. É comum que uma vinícola seja construída perto de um vinhedo. Assim, há uma relação muito mais próxima entre a terra e o copo, no caso do vinho, e o produtor é, ao mesmo tempo, vinicultor e fabricante da bebida. Em contrapartida, é muito incomum que a fábrica de cerveja se situe perto da plantação de cevada. Em vez disso, é a fábrica de malte que tende a ficar próxima da plantação, valendo lembrar que a cevada precisa de um considerável pré-processamento até que esteja pronta para se transformar em cerveja. Embora algumas cervejarias possuam sua própria fábrica de malte e produzam parte daquele que utilizam, ou todo ele (a Anheuser-Busch e a Coors são exemplos notáveis), a maioria compra de fornecedores seu grão maltado (e os adjuntos – ou seja, os outros cereais que substituem parte do malte de cevada).

[VINHOS *VERSUS* CERVEJAS]

Essas diferenças não significam que o fabricante de vinho tem, de alguma forma, maior controle das características de seus produtos. O produtor de cerveja é provavelmente mais meticuloso, exigindo uma rigorosa obediência a especificações de qualidade para a cevada e para o malte dela derivado, como veremos no capítulo 5. O significado disso é que o fabricante de vinho tende a fazer um investimento mais substancial em terras e no cultivo delas. A criação de um vinhedo representa um desembolso considerável de dinheiro. Um estudo realizado em 2004 na Universidade da Califórnia indicou que o custo para fundar um vinhedo em Sonoma, no estado da Califórnia, ultrapassava os 16 mil dólares por acre. É preciso considerar também que são necessários quatro ou cinco anos a partir do primeiro plantio para a obtenção de uma colheita satisfatória de uvas. O rendimento por acre tende a ser da ordem de 5 toneladas. O preço em janeiro de 2011 das uvas Cabernet na região de Napa, na Califórnia, era de 4 mil dólares por tonelada, com uma média, no estado, de 800 dólares a tonelada.

Uma tonelada de uvas rende aproximadamente 750 garrafas de vinho de teor alcoólico médio. Nessa base, então, podemos concluir que o custo das uvas para cada garrafa de 750 mℓ de vinho californiano estaria mais ou menos entre 0,78 dólar e pouco mais de 4 dólares, dependendo do lugar onde as uvas tenham sido cultivadas. Quando compramos no supermercado uma garrafa de vinho do Vale Central a 5 dólares, ou uma garrafa proveniente do Napa Valley por 20 dólares, as uvas correspondem a um quinto do preço de compra.

Vamos comparar esses valores com a situação da cerveja: supondo que um fabricante de cerveja faça um produto in-

[CERVEJA E VINHO: ALGUNS COMENTÁRIOS SOCIOCULTURAIS]

teiramente de malte (o custo dos adjuntos é semelhante), ele pode comprar esse malte a um custo aproximado de 500 dólares por tonelada. Se ele produz garrafas de 350 mℓ de uma cerveja com teor alcoólico de 5% por volume, então o custo do malte por garrafa é de aproximadamente 0,25 dólar. Vamos supor que a cerveja seja vendida por 1 dólar a garrafa; temos que o custo do malte será de 2,5%. Sem dúvida é preciso lembrar que uma garrafa de cerveja com o teor alcoólico equivalente ao do vinho (e elas existem, ver o capítulo 9) exigiria proporcionalmente mais malte por garrafa, mas o custo dessa matéria-prima nunca atingirá o preço das uvas na fabricação do vinho. Entretanto, não devemos esquecer que fabricante de cerveja também precisa pagar pelo lúpulo e pela água.

Será que essa diferença de custo expressa uma realidade baseada em alguma suposta superioridade da uva em relação ao grão, algo semelhante a comparar pérolas e pedras coloridas? Será isso um reflexo de uma enorme capacidade agrícola, com economias de escala geradas pelo cultivo de muitos acres de cevada em comparação à indústria "caseira" e artesanal do vinho? Ou será simplesmente que o fornecedor de malte é obrigado, por leis de concorrência e poder do usuário, a sofrer uma deflação da oportunidade de preço, ao passo que, em uma relação inversa, as uvas são vendidas por preços excessivamente inflacionados, em especial em regiões que não têm genuinamente aquela categoria de qualidade superior?

Não vamos esquecer de que um grande fabricante de cerveja produz 24 horas por dia, todos os dias. Não há no setor de cervejaria o conceito de colheita, em que cada um pode fazer o que quiser depois que as uvas entram na fábrica. Sempre foi um mistério para mim o que esse pessoal do vinho fica fazendo no restante do ano.

Mas aqui está a diferença: o cervejeiro emprega todo o seu esforço e toda a sua capacidade, enquanto o produtor de vinho usa basicamente seus recipientes uma vez por ano e tende a manter tanques cheios de produto em maturação por muito mais tempo que os produtores de cerveja, mesmo aqueles adeptos de períodos mais longos de maturação. Realmente não faz sentido manter um produto em estoque, a não ser que ocorram no líquido genuínas mudanças que o tornem, seja ele vinho ou cerveja, de melhor qualidade na percepção do consumidor. Eu diria que, em muitos casos, o armazenamento é uma questão de *marketing*, o que permite que se conte uma história.

CAPÍTULO 2

UMA BREVE HISTÓRIA DO VINHO

[UMA BREVE HISTÓRIA DO VINHO]

E COMEÇOU NOÉ A SER LAVRADOR DA
TERRA,
E PLANTOU UMA VINHA.
E BEBEU DO VINHO, E EMBEBEDOU-SE...
GÊNESIS 9: 20-21

PARA APLACAR A SEDE DE NOÉ, DEUS
CRIOU A VINHA E REVELOU-LHE O MODO DE
CONVERTER SEU FRUTO EM VINHO.
BENJAMIN FRANKLIN

É provável que o vinho não tenha sido a primeira bebida alcoólica apreciada neste planeta. Grãos foram cultivados antes de uvas e o trabalho da abelha levou ao mel nas antigas florestas, em um tempo muito remoto. Assim, os primeiros hidroméis e as primeiras cervejas, certamente, são anteriores ao vinho.

Outros sugerem, entretanto, que o vinho veio antes porque é de fabricação muito mais fácil que a cerveja – basta esmagar as uvas e permitir que micro-organismos que ficam na superfície dos bagos façam seu trabalho. Como diz um colega meu, se você pisar uvas, obtém vinho; se pisar grãos, machuca os pés.

[VINHOS *VERSUS* CERVEJAS]

Fazendo piada, digo a meus alunos que Jesus fez o milagre de transformar água em vinho porque transformar água em cerveja teria sido muito mais difícil em termos técnicos. Os fabricantes de vinho me lembram que esse foi o primeiro milagre de Jesus.

Os grãos precisam de certo grau de processamento antes de estar prontos para a fermentação, e a levedura não é um habitante nativo dos cereais, de modo que precisa ser adicionada para a fabricação da cerveja ou estar presente como um contaminante em um recipiente. Certamente se desconhecia a natureza da levedura naqueles tempos remotos e o assunto continuava a ser debatido mais de 7.500 anos depois – mas os antigos aprenderam empiricamente que a adição de fruta ao líquido desencadearia o processo de fermentação (ou qualquer que fosse o nome dado a ele na época), assim como acontecia com a transferência do líquido para recipientes que tivessem sido anteriormente usados para armazenar frutas. O mais importante é que eles perceberam que misturar um pouco do líquido antigo com um novo também ativaria o processo – o chamado *backslopping*, que será abordado no capítulo 3.

As primeiras uvas nasceram espontaneamente na Eurásia, Ásia e América do Norte e provavelmente eram as da espécie *V. vinifera sylvestris*. A planta crescia no chão ou enrolando-se em torno dos troncos e galhos de árvores. Por razões climáticas, as uvas mais adequadas para a fabricação do vinho vêm das latitudes entre 30° e 50° ao norte e ao sul, por isso os primeiros vinhos foram produzidos nessas regiões.

Afirma-se que as uvas e os cereais foram os responsáveis pela transição do estilo de vida nômade para o sedentário. Os antigos devem ter percebido as vantagens e a necessidade de permanecer no mesmo lugar enquanto as melhores uvas e cereais cresciam, para, depois, ser transformados em vinho e cerveja em processos cada vez mais controlados.

Essas civilizações se localizavam no Crescente Fértil, região do Oriente Médio que originalmente incorporava o Antigo Egito, o Levante e a Mesopotâmia. Essa vasta região abrange desde a parte oriental do Mediterrâneo, abarcando os rios Tigre e Eufrates; hoje, inclui a Síria, o Iraque e o Líbano. Sabe-se que vinhas foram cultivadas pelo homem no Oriente Médio antes de 4000 a.C., mas atualmente há provas de que o cultivo controlado de vinhas remonta a 6000 a.C. na Geórgia (república situada na fronteira entre Europa e Ásia). Com bom grau de certeza, pode-se fixar a data do cultivo das vinhas entre 5400 a.C. e 5000 a.C. na região norte da cordilheira de Zagros, que fica entre o Irã e o Iraque.

Àquela altura, a tecnologia já devia estar bastante desenvolvida. Provavelmente as vinhas com uvas maiores eram selecionadas porque proporcionavam maior rendimento, mas também havia a percepção de que algumas produziam vinhos superiores.

Os primeiros recipientes eram feitos de peles de animais, mas a impossibilidade de reutilizá-los levou ao advento de ânforas de cerâmica, que eram queimadas no forno para impedir a permeabilidade aos gases e possuíam gargalos estreitos, os quais podiam facilmente ser fechados com piche e argila. Por tentativa e erro, os primeiros vinicultores aprenderam que o contato do vinho com o ar no clima quente leva rapidamente à deterioração e que os recipientes armazenados na horizontal reduziam ainda mais a deterioração por diminuírem a proporção de entrada de ar. As ânforas eram enterradas para que o líquido se mantivesse fresco.

Grande parte do que sabemos atualmente sobre a história antiga do vinho vem do estudo de resíduos em jarros de cerâmica, destacando-se a presença de ácido tartárico, indicador incontestável de produtos feitos da uva.

O cultivo e as técnicas de fabricação do vinho passaram de uma cultura para outra, à medida que ocorria a colonização. Dessa forma, a tecnologia foi transmitida para os egípcios, depois para os cretenses, gregos, romanos e, por sua vez, para os povos que habitavam as regiões que hoje correspondem a Itália, Espanha, França e Alemanha. O vinho sempre foi uma mercadoria de fácil comércio. Nas civilizações mais antigas, a tendência era de que as classes mais abastadas consumissem vinho e o proletariado tomasse cerveja. O álcool era, sem dúvida, um dos principais itens da dieta diária e um importante componente da ingestão nutricional. O vinho também era associado a eventos religiosos e seculares, tanto antes quanto depois de Cristo. Os vinhos eram, em sua maioria, tintos e acredita-se que havia uma associação intuitiva com o sangue.

A região sul da Mesopotâmia, que abrangia a Suméria e a Babilônia, não contava com um clima ideal para o cultivo de uvas viníferas; assim, a região tornou-se uma terra de consumidores de cerveja. Importava-se o vinho (a preços elevados) para fins religiosos e para satisfazer as classes mais abastadas. O Egito era uma nação que, inicialmente, também apreciava bastante a cerveja, mas por volta de 3000 a.C. a 2500 a.C. a fermentação da uva se desenvolveu, mesmo com o vinho custando quatro vezes mais que a cerveja.

O vinho sempre tendeu a ter teor alcoólico bastante superior ao da cerveja, o que permitia um período maior de armazenamento. Há muito tempo se percebeu que volumes menores de vinho têm um impacto maior nos sentidos e isso, junto com seu sabor mais doce e atraente, tornou o vinho mais apreciado, afastando o bebedor dos problemas cotidianos. O vinho antigo provavelmente era muito nutritivo (não havia naquele tempo clarificação, portanto a bebida tinha grandes quantidades de levedura, que era cheia de vitaminas), além de ajudar na digestão de outros alimentos, proporcionando um estilo de vida mais saudável.

Retornando ao tema da cor rubra do vinho, os egípcios também comparavam a tonalidade do vinho com a do rio Nilo, que a cada ano mudava de acordo com a contribuição de seus afluentes. O "renascimento" dessa água e o reavivamento anual das vinhas simbolizavam a fertilidade.

O vinho também era uma presença importante nas antigas farmacopeias, como sedativo, diurético e remédio para o tratamento da anemia; também como anestésico, estimulante do apetite, antisséptico e remédio para combater a diarreia. Também era usado em cataplasmas. No Egito, outros medicamentos eram misturados ao vinho e à cerveja, que formavam a base dos remédios. Uma receita para curar a epilepsia determinava que os testículos de um asno fossem moídos e misturados ao vinho. De minha parte, adoraria ouvir um enólogo dos nossos dias tentando articular as sutilezas aromáticas dessa bebida em particular.

À medida que o mundo do vinho se expandia, também aumentava a presença da tecnologia. Há quase dois mil anos,

[VINHOS *VERSUS* CERVEJAS]

Plínio já classificava as uvas de acordo com o tipo de solo, a resistência contra pragas, o tempo de amadurecimento, a cor e os vinhos que poderiam ser produzidos a partir delas. Os gregos cultivavam as vinhas em treliças e não mais em árvores, como se fazia até então. Os romanos conheciam a técnica da poda e, no século I d.C., substituíram as ânforas de cerâmica gregas por barris. O pisoteamento de uvas foi suplementado pela prensagem – uma inovação cretense que empregava tábuas de madeira pressionadas por pedras. Mais tarde, gregos e romanos passaram a empregar grandes vigas e mecanismos com roscas para esse propósito, embora ainda se reconhecesse que o pisoteamento "tradicional" proporcionava vinhos de qualidade superior e conservação mais longa.

Ao que parece, os primeiros vinhos eram, em sua maioria, tintos, e as uvas eram deixadas *in situ* durante a fermentação. Os vinhos brancos tinham produção limitada, embora fossem apreciados na Grécia e em Roma, eles eram de cor âmbar ou acastanhada, em virtude da entrada de ar em seus recipientes e do armazenamento em locais quentes.

Acredita-se que os vinhos antigos ganhavam sabores com a mistura direta de ervas e especiarias ou pela transferência do aroma de plantas, como a alfazema e o tomilho, cultivadas ao longo das vinhas. Além disso, a resina e o breu dos recipientes de fermentação e estocagem proporcionavam sabores que atualmente podem ser encontrados no Retsina, um vinho grego. Os gregos não economizavam nos agentes de sabor quando fabricavam seu vinho: outro acréscimo muito apreciado era o queijo de leite de cabra ralado.

Os gregos se deleitavam em suas sessões de degustação de vinhos, que eram conhecidas como "simpósios" – na verdade, orgias que transformariam uma noite de sexta das atuais baladas das grandes cidades em um piquenique de igreja. O equivalente romano do simpósio era o "convívio". Enquanto os escalões mais altos partilhavam seu vinho, as pessoas mais pobres tomavam posca, um vinho azedado diluído em água, e lora, que era feita embebendo-se os resíduos da prensagem da uva em água.

Os vinhos gregos e romanos eram doces. Maximizava-se o teor de açúcar por um processo de secagem das uvas antes da fermentação, bem como pela adição de mosto fervido e mel após a fermentação. O doce demasiado, por sua vez, e os sabores desagradáveis eram neutralizados pela diluição do vinho com água do mar. Independentemente de isso soar ou não atraente na atualidade, os méritos do vinho estavam longe de ser negados naqueles dias. Tanto que Platão opinou que pessoas acima dos 40 anos podiam beber sem restrições para "aliviar o ressecamento da velhice".

Além disso, uma pesquisa na Bíblia revela mais ocorrências da palavra "videira" do que de qualquer outra planta. Existe uma variedade de opiniões, entretanto, sobre a bebida. Na epístola a Timóteo, Paulo o estimula a beber "um pouco de vinho, por causa do teu estômago". Oseias, por outro lado, recomenda que se tome o vinho maduro, porque o vinho novo "tira o entendimento". E, como já vimos, o primeiro milagre de Cristo foi transformar água em vinho em Canaã. E era o vinho de melhor qualidade – não o lixo reservado para o momento em que as pessoas perdem sua capacidade de discernimento por já terem bebido muito. Pois, como se lê em João 2:10, "todo homem põe primeiro o vinho bom e, quando já tem bebido bem, então o inferior".

E, assim, nos primeiros anos da divulgação do cristianismo em todo o mundo, o vinho era produzido em locais tão improváveis quanto a Inglaterra. Os romanos nutriam um complexo de superioridade, sentindo que sua tendência a beber vinho os colocava em um pedestal acima das tribos germânicas e outras culturas da época, que bebiam cerveja. E assim temos Edward Gibbons, em sua descrição do declínio do Império Romano, afirmando que os germânicos eram "imoderadamente viciados em cerveja forte [...] extraída com pouquíssima arte do trigo ou da cevada e corrompida [...] em algo que se parece vagamente com vinho". Os machões germânicos, por sua vez, consideravam que homens que bebiam vinho assumiam características femininas.

Foi a Igreja que contribuiu decisivamente para a difusão da vinicultura e da enologia por toda a Europa. Na Inglaterra, o *Domesday Book*, de 1086, registrou 42 vinhas, mas, à medida que o século XIII chegava ao seu fim, havia 1.300 vinhas. Aos poucos, essas culturas foram substituídas por outras: o clima inglês não se mostrava adequado para o cultivo de uvas viníferas e o vinho importado era claramente superior a qualquer coisa que pudesse passar por fermentação local.

Dos séculos XI a XV, a demanda de vinho na Inglaterra cresceu muito. Os vinhos de Bordeaux e Anjou iam para a Inglaterra. Mais tarde, a preferência passou a ser por produtos mais doces, com maior teor alcoólico e com prazo de validade mais longo, oriundos do Mediterrâneo. A perda da região da Gasconha para os franceses em 1453 levou a Inglaterra a diminuir o consumo do vinho oriundo do país vitorioso e criou oportunidades de mercado para a Espanha. Assim surgiu o Sack espanhol – vinho doce –, palavra derivada de "sacar, extrair". Ou seja, um vinho adequado para a exportação. A indústria do vinho espanhol cresceu rapidamente no século XVI. O comércio nos portos da Inglaterra cresceu no final do século XVII, quando pressões políticas levaram ao banimento dos vinhos importados franceses.

A Inglaterra emergia como o centro da indústria mundial do vinho, apesar de sua localização não ser em si adequada para vinhos de excelência. Foi lá também que surgiu a primeira literatura sobre vinhos.

Apesar disso, na Inglaterra, como em muitos países, a cerveja continuava sendo a principal bebida alcoólica, e permaneceria assim durante os séculos XVI e XVII. A cerveja era muito mais barata que os vinhos importados. Assim, nos ambientes eclesiásticos, o abade bebericava seu vinho enquanto os irmãos tomavam tragos de cerveja, podendo ingerir vinho apenas em dias festivos. A cerveja não dependia tanto da geografia quanto o vinho para sua principal matéria-prima.

O ano de 1662 testemunhou uma das primeiras tentativas para os produtores de vinho obterem alguma vantagem sobre a cerveja, quando as autoridades de Bordeaux proibiram a fabricação de cerveja, que passara a constituir uma ameaça para os vinicultores locais.

Não era só pela cerveja que o vinho estava sendo ameaçado. Os holandeses surgiram como grandes importadores e reexportadores de *brandy* (*Brandewijn*, ou "vinho queimado").

[VINHOS *VERSUS* CERVEJAS]

Vodca, uísque, rum e gim, todas essas bebidas surgiram para concorrer pelo que a Canadean, empresa do século XX que analisa bebidas alcoólicas, chama de "fatia de garganta" (por analogia com "fatia de mercado"). A razão é muito simples: essas bebidas, às quais podemos acrescentar a aguardente, dependem menos que o vinho dos caprichos da agricultura e do clima para uma produção bem-sucedida. A destilação pode ser um grande nivelador.

O avanço da inovação continuava em pleno vigor. Assim, os melhores vinhos passaram a ser envasados em garrafas de vidro por volta do século XVI, e o tipo de garrafa usada atualmente surgiu na Inglaterra, na década de 1630, após melhorias na tecnologia das fornalhas. Taças para vinho substituíram os recipientes de cerâmica, couro, madeira e prata, que eram comuns até então. Da mesma forma, a rolha substituiu, no século XVII, o couro, a madeira e tecidos na função de selar as garrafas e deu-se necessariamente a invenção do saca-rolha. Agora se podia ter Champagne.

No século XVIII, a prática de queimar enxofre em barris a fim de fumigá-los foi o agente precursor da tradicional presença e importância do dióxido de enxofre no vinho. Os vinhos mais claros eram considerados mais atraentes, principalmente a partir dessa época, em que a bebida era servida em taças de vidro. Assim, surgiu a prática de colagem ou afinamento, por meio de agentes como a clara de ovo e o *isinglass* (clarificante obtido a partir do colágeno da bexiga natatória dos peixes). Com a chegada do açúcar enviado das colônias à Europa, foi possível enriquecer o mosto, o que trazia à bebida mais álcool e mais consistência. A adição de açúcar ao mosto é chamada de

[UMA BREVE HISTÓRIA DO VINHO]

chaptalização, em referência a Jean-Antoine-Claude Chaptal, embora, na verdade, ele não tenha inventado o processo.

Por volta de 1000 d.C., Leif Ericsson navegou em direção oeste, partindo da Groenlândia, e ancorou em um lugar onde, dizia ele, havia uma oferta abundante de uvas, região que ele chamou de Vinland. Acredita-se que esse lugar corresponda à atual província Terra Nova e Labrador, Canadá. Alguns duvidam que ele tenha encontrado uvas, sugerindo que a fruta era, provavelmente, o mirtilo-vermelho.

Com maior propriedade podemos afirmar que os colonizadores espanhóis levaram o vinho para a América do Sul e a América Central. Os primeiros vinicultores da América do Norte foram espanhóis assentados na região que atualmente é a Carolina do Sul. Houve tentativas de cultivar uvas e fabricar vinho nas primeiras colônias inglesas na Virgínia, mas os colonos logo perceberam que o cultivo do tabaco dava resultados melhores.

Sem dúvida, foi a partir da Califórnia que a indústria vinícola norte-americana realmente se estabeleceu como um importante polo produtor mundial, conforme será discutido no capítulo 8. A ironia é que alguns dos primeiros produtores se estabeleceram na costa do Pacífico como consequência de os Estados Unidos exportarem para a Europa uma temida praga das vinhas. Em 1870, algumas variedades norte-americanas foram despachadas de navio para jardins botânicos da França e da Inglaterra. Infelizmente, as videiras hospedavam o inseto filoxera, uma praga da raiz da planta. As vinhas norte-americanas eram resistentes, mas as europeias (*Vitis vinifera*) não. Os vinhedos europeus que receberam as uvas norte-americanas foram devastados, e permaneceram assim por trinta anos. A solução foi levar para a França o rizoma da variedade americana – que tinha um crescimento vigoroso e se mostrava resistente à filoxera – e enxertar nele a muda da apreciada variedade europeia. Infelizmente, as variedades americanas também produziam um indesejável sabor azedo.

As primeiras vinhas da África do Sul foram plantadas na Cidade do Cabo por Jan van Riebeeck, em 1655, e seu vinho surgiu quatro anos mais tarde. As primeiras embarcações para Nova Gales do Sul (Austrália), em 1788, levaram vinhas a bordo, e o primeiro vinho da região foi apreciado em 1795.

CAPÍTULO 3

UMA BREVE HISTÓRIA DA CERVEJA

UM LÍQUIDO PODEROSO E SUPERIOR, FEITO
DE CEVADA E ÁGUA.
JÚLIO CÉSAR

Certamente, a história da cerveja não é nem mais curta nem menos ilustre do que a do vinho ou a de outras bebidas que se desenvolveram na mesma época pela fermentação "espontânea" de várias matérias-primas: desde o grão umedecido (cerveja), passando pelas uvas (vinho), chegando ao mel (hidromel) e ao leite (*kvass*).

Em todos os casos, esses produtos, com seus atributos hedônicos e a possibilidade que davam à passagem para um estado alterado de consciência, tiveram profundo impacto social e econômico. Além disso, como vimos no capítulo 2, no caso do vinho – e certamente também no caso da cerveja –, eles se constituíram em uma importante causa do advento das sociedades sedentárias. Eram parte fundamental da dieta e reconhecidos como mais saudáveis do que a água pura e simples. O álcool é um grande destruidor de micro-organismos patogênicos, mas seu efeito não para aí. George Armelagos, professor de antropologia da Universidade Emory, em Atlanta, encontrou provas da presença da bactéria *Streptomycedes* (actinomicetos) em relíquias do antigo Sudão e sugeriu que a cerveja foi, por muitas vezes, uma fonte importante do antibiótico "natural" tetraciclina. A cerveja é quase um alimento prodigioso: enriquecida com nutrientes, hedonisticamente satisfatória e protetora da saúde.

Sem dúvida, o clima exerceu importante papel na preferência por uma ou outra bebida. Dessa forma, nas regiões norte e oeste da Europa, o mel constituiu a primeira base das bebidas alcoólicas, antes dos dias do cultivo dos cereais. Nas regiões mais ao sul da Europa e a leste do Mediterrâneo, a uva foi claramente a fonte mais importante de bebidas alcoólicas, embora a tamareira a tenha precedido. Também é provável que o *kvass* tenha sido precursor da cerveja.

Os grãos constituem parte importante na dieta humana há milhares de anos. A germinação espontânea dos grãos que eram acidentalmente molhados durante a estação das chuvas tornava-os mais macios, de certa forma, mais saborosos (menos adstringentes, mais doces) e mais fáceis de digerir. As pessoas, então, beneficiavam-se mais desses grãos, e também devem ter percebido que secá-los após a germinação melhora seu sabor.

Em dado momento, um mingau feito com os grãos germinados provavelmente entrou em contato com leveduras – talvez fossem grãos estocados em um vasilhame no qual anteriormente fora armazenado algum tipo de fruta. O consumo desse mingau, que a essas alturas já conteria álcool, sem dúvida teve um impacto agradável no consumidor – o precursor da moderna cerveja havia sido descoberto.

[UMA BREVE HISTÓRIA DA CERVEJA]

As primeiras civilizações humanas surgiram em locais onde eram cultivados os principais grãos: oeste e centro da Eurásia, leste da Ásia e América Central. Pode muito bem ser que a cerveja tenha surgido de forma isolada em diferentes culturas do mundo. Entretanto, foi no Oriente próximo, há cerca de 8.000 anos, que a cevada e o trigo, que nasciam espontaneamente, passaram a ser cultivados pelo homem e o processo de produção de pão e cerveja foram desenvolvidos. É muito provável que a fabricação de pães tenha acontecido primeiro, pois, como veremos, foi o grão convertido em pães que constituiu a matéria-prima para alguns dos primeiros processos de fabricação de cerveja.

Podemos destacar que o primeiro local que fabricou cerveja foi a Mesopotâmia (atualmente Iraque) e existe uma notável abundância de provas arqueológicas e artísticas que nos informam sobre o importante papel desempenhado pela cerveja nessa sociedade. Acredita-se hoje que a fabricação de cerveja na Mesopotâmia acontece desde a civilização suméria passando, posteriormente, para a babilônica.

A primeira evidência de pessoas apreciando cerveja foi encontrada em Tepe Gawra, região que hoje corresponde ao norte do Iraque, em selos datados de 4000 a.C., que representam pessoas bebendo cerveja de um enorme jarro através de canudos.

Na Suméria, o malte, seco em fornos, era moído, peneirado e, se não fosse estocado, era imediatamente utilizado no preparo de pães. Os pãezinhos assados, conhecidos como bappir, eram muito aromáticos. Entre os condimentos, usava-se o trigo emmer (*Triticum dicoccum*), um tipo primitivo de trigo diferente das variedades cultivadas atualmente porque seu grão não soltava a casca.

[VINHOS *VERSUS* CERVEJAS]

Os pães eram esmigalhados, misturados com água e aquecidos. Ou seja, passavam por um processo de brassagem. Depois de resfriada essa mistura, acrescentava-se a ela suco de tâmaras ou mel. Alguns dizem que ela era fervida, mas existem poucas provas disso. Talvez a fermentação fosse desencadeada naturalmente pela levedura que acompanhava as frutas, mas logo se percebeu que um modo mais eficaz de provocar a fermentação era acrescentar uma porção da mistura anterior.

Depois da fermentação, transferia-se a mistura para outro recipiente a fim de que fosse feita a clarificação; o líquido, então, era retirado e colocado em jarros para armazenamento ou transporte. Apesar do estágio de clarificação, o produto final não era nada "límpido", por isso a preferência por bebê-lo com canudos, feitos de palha ou, para as camadas mais altas da sociedade, de cobre, prata ou ouro.

Essas práticas antigas ficaram registradas no "Hino a Ninkasi" (1800 a.C.).

NASCIDA DA ÁGUA CORRENTE,
DELICADAMENTE CUIDADA POR NINHURSAG,
NASCIDA DA ÁGUA CORRENTE,
DELICADAMENTE CUIDADA POR NINHURSAG,

TENDO FUNDADO TUA CIDADE À MARGEM DO LAGO SAGRADO,
ELA TERMINOU SUAS GRANDES MURALHAS PARA TI,
NINKASI, TENDO FUNDADO TUA CIDADE À MARGEM DO LAGO SAGRADO,
ELA TERMINOU SUAS GRANDES MURALHAS PARA TI.

TEU PAI É ENKI, SENHOR NIDIMMUD,
TUA MÃE É NINTI, RAINHA DO LAGO SAGRADO.
NINKASI, TEU PAI É ENKI, SENHOR NIDIMMUD,
TUA MÃE É NINTI, RAINHA DO LAGO SAGRADO.

[UMA BREVE HISTÓRIA DA CERVEJA]

ÉS AQUELA QUE AMASSA A MASSA [E] COM UMA GRANDE PÁ,
MISTURANDO EM UM FOSSO O BAPPIR COM DOCES ERVAS AROMÁTICAS,
NINKASI, ÉS AQUELA QUE AMASSA A MASSA [E] COM UMA GRANDE PÁ,
MISTURANDO EM UM FOSSO O BAPPIR COM [TÂMARAS] – MEL,

ÉS AQUELA QUE ASSA O BAPPIR NO GRANDE FORNO,
COLOCAS EM ORDEM AS PILHAS DE SEMENTES DESCASCADAS,
NINKASI, ÉS AQUELA QUE ASSA O BAPPIR NO GRANDE FORNO,
COLOCAS EM ORDEM AS PILHAS DE SEMENTES DESCASCADAS,

ÉS AQUELA QUE REGA O MALTE DEPOSTO NO CHÃO,
OS CÃES FIDALGOS MANTÊM A DISTÂNCIA ATÉ MESMO OS POTENTADOS,
NINKASI, ÉS AQUELA QUE REGA O MALTE DEPOSTO NO CHÃO,
OS CÃES FIDALGOS MANTÊM A DISTÂNCIA ATÉ MESMO OS POTENTADOS,

ÉS AQUELA QUE EMBEBE O MALTE EM UM CÂNTARO,
AS ONDAS SOBEM, AS ONDAS DESCEM.
NINKASI, ÉS AQUELA QUE EMBEBE O MALTE EM UM CÂNTARO,
AS ONDAS SOBEM, AS ONDAS DESCEM.

ÉS AQUELA QUE ABRE A PASTA COZIDA EM GRANDES ESTEIRAS DE JUNCO,
A FRIALDADE TUDO DOMINA,
NINKASI, ÉS AQUELA QUE ABRE A PASTA COZIDA EM GRANDES ESTEIRAS DE JUNCO,
A FRIALDADE TUDO DOMINA,

ÉS AQUELA QUE SEGURA EM AMBAS AS MÃOS O MAGNÍFICO E DOCE MOSTO,
FERMENTANDO[-O] COM MEL [E] VINHO
(TU, O DOCE MOSTO PARA O JARRO)
NINKASI, (…)
(TU, O DOCE MOSTO PARA O JARRO)

O BARRIL FILTRADOR, QUE FAZ UM SOM AGRADÁVEL,
TU O COLOCAS CORRETAMENTE SOBRE UM GRANDE TANQUE COLETOR.
NINKASI, O BARRIL FILTRADOR, QUE FAZ UM SOM AGRADÁVEL,
TU O COLOCAS CORRETAMENTE SOBRE UM GRANDE TANQUE COLETOR.

QUANDO DESPEJAS DO BARRIL COLETOR A CERVEJA FILTRADA,
É [COMO] A CHEIA DO TIGRE E DO EUFRATES.
NINKASI, ÉS AQUELA QUE DESPEJA DO BARRIL COLETOR A CERVEJA FILTRADA,
É [COMO] A CHEIA DO TIGRE E DO EUFRATES.

[VINHOS *VERSUS* CERVEJAS]

O lendário fabricante de cerveja Fritz Maytag, presidente da Anchor Brewing Company de San Francisco, nos Estados Unidos, trabalhou com o historiador Solomon Katz para recriar uma cerveja de acordo com os preceitos de Ninkasi e as evidências arqueológicas disponíveis, incluindo até a cerimônia de sugá-la através de canudos em um banquete na cidade junto à baía. Não há no hino uma referência à produção de malte, o que nos leva a supor que o grão não germinava e os pães eram feitos a partir de uma mistura de cevada e trigo emmer crus. Acredita-se que vários agentes de sabor tenham sido utilizados na cerveja da Suméria, entre eles tremoço, cártamo, mandrágora, semente de uva, tâmara, coentro, feno grego e casca de laranja amarga.

Da Mesopotâmia, as técnicas de fabricação de cerveja foram transmitidas para os egípcios dos dois lados do Nilo. Sedimentos de cerveja foram encontrados em jarros datados da era pré-dinástica, entre 5500 a.C. e 3100 a.C., no Egito. Existem registros escritos de 3100 a.C. a 2686 a.C., no início do período dinástico, que provam que a cerveja era parte fundamental dessa cultura; na verdade, alguns alegam que pão, cerveja e cebolas constituíam a base da dieta por volta de 6000 a.C.

A cerveja não se mostrava forte demais e, em vista de seu curto prazo de validade, era fabricada – e bebida – diariamente por todos os escalões da sociedade. Era parte fundamental dos festivais religiosos – servia de oferenda para os deuses – e uma das bases da economia nacional. Na era pré-dinástica, pagavam-se despesas com grãos na forma de cerveja ou de pão. Mais tarde, nos tempos ptolomaicos, a cerveja ficou sujeita à tributação, e os governos perceberam, desde aquela época, que as bebidas alcoólicas podem constituir uma poderosa fonte de renda para o erário público.

As técnicas de fabricação de cerveja no Egito antigo se mostravam semelhantes às desenvolvidas na Suméria, e a bebida bouza, até hoje produzida no Egito, era feita dessa maneira. Pães feitos de grãos germinados, levemente assados, eram esmigalhados e embebidos em água, escorridos e reservados para que fermentassem. Enriquecia-se o líquido com açúcares; depois, vinham os sabores (a partir de tâmaras, tremoço e mandrágora). A fermentação ocorria pela técnica de *backslopping*, na qual se adicionava uma pequena porção do líquido fermentado na vez anterior às sementes, de modo a desencadear nova fermentação. A fabricação de cerveja consistia em um trabalho fundamentalmente feminino, ao passo que a fabricação de vinhos, que se deu mais tardiamente, era prerrogativa masculina.

Os egípcios exportaram seu *know-how* no fabrico de cerveja para os gregos, que por sua vez transmitiram as técnicas para a Gália, a Espanha e a região leste do Adriático. Os gregos e romanos eram, entretanto, amantes do vinho. O vinho nessa região, posteriormente no Egito e hoje talvez no mundo todo, tem uma característica esnobe. As uvas chegavam a ser dez vezes mais caras que a cevada, o que levava à suposição inerente (mas inevitavelmente imprecisa) de que um produto derivado de uma matéria-prima mais valiosa teria qualidade superior. Vários povos exaltavam as virtudes do vinho e depreciavam a cerveja. Havia até aqueles prontos a atestar que o vinho e a cerveja causavam impactos diferentes no corpo. Aristóteles, por exemplo, proclamou: "Aqueles que se intoxicam com o vinho caem, na maioria das vezes, de cara no chão, enquanto os que bebem cerveja de cevada ficam deitados de costas, pois o vinho deixa as pessoas com a cabeça pesada, mas a cerveja as entorpece".

O vinho era substancialmente mais alcoólico que a cerveja e, por isso, mais embriagante – entretanto, ele também tinha prazo de validade mais longo e não se transformava em um azedo vinagre tão rapidamente quanto a cerveja.

Como já sugeri, as bebidas alcoólicas podem ter se desenvolvido de forma isolada em diferentes partes do mundo. Assim, na América Central e na América do Sul, precursores de bebidas como a chicha (à base de milho) surgiram da seguinte forma: no estágio inicial de preparação o grão era mascado, para que as enzimas salivares desencadeassem a produção de açúcares fermentáveis a partir do amido; na etapa seguinte todos os mascadores cuspiam o conteúdo da boca em uma bacia comunitária para fermentação.

Retornando ao Oriente, na verdade, não existe uma palavra para a cerveja na Bíblia; o termo hebraico *birah* surgiu depois que os textos bíblicos foram estabelecidos. O *wayin* ("vinho"), sem dúvida, recebe julgamentos diferentes nos dois testamentos. Existem fanáticos neoproibicionistas que insistem que a referência ao vinho na Bíblia corresponde ao suco de uva não fermentado, mas sou daqueles que acham difícil imaginar que os antigos tivessem tanto controle sobre a fermentação natural causada por leveduras exteriores a ponto de evitar que o suco de uva (e, na realidade, qualquer outra fonte líquida de açúcar) não se transformasse rapidamente em álcool e fosse preferido exatamente por esse motivo.

De fato, existem os que estão muito preparados para argumentar que a cerveja está presente na Bíblia. Por exemplo, James Death propôs, em 1887, que a passagem do Êxodo, capítulo 12, versículo 19, "Por sete dias não se ache nenhum fermento nas vossas casas; porque qualquer que comer pão levedado, esse será cortado da congregação de Israel, tanto o peregrino como o natural da terra", na verdade se refere ao consumo de um pão (não levedado, compare-se com o bappir da antiga Suméria) em oposição à cerveja (levedada, compare-se com o bouza).

Death viu-se compelido a escrever (considerando o que citamos anteriormente): "Cito argumentos que mostram que a fabricação da cerveja foi a arte mais antiga do homem primitivo; uma arte mais antiga que a da cerâmica ou a da fabricação de vinhos e, com certeza, também que a da panificação".

Os fenícios provavelmente tiveram um papel importante na divulgação da cerveja e de seu fabrico no mundo, chegando até a Grã-Bretanha, e podem até ter fabricado cerveja a bordo de suas embarcações. Entretanto, o crédito por apresentar a fabricação de cerveja às Ilhas Britânicas é, em geral, atribuído aos celtas. Há aqueles que duvidam que os celtas pudessem ter aprendido no Egito sobre a fabricação da cerveja, mas, com certeza, as tribos celtas do norte (gauleses e belgas) reconheciam a cerveja como superior ao vinho, pois as latitudes muito ao norte não eram adequadas ao cultivo de uvas. Eles apreciavam também o hidromel. O primeiro cereal utilizado para fazer cerveja no norte da Europa, provavelmente, foi o trigo emmer, pois a cevada com casca não era produzida naquela época.

[VINHOS *VERSUS* CERVEJAS]

Outra candidata ao posto de ter introduzido a cerveja nas Ilhas Britânicas é a cultura campaniforme. Algumas das primeiras evidências são fragmentos de cerâmica encontrados perto de Glenrothes, na Escócia, que provam a existência de atividade humana entre o quarto e o segundo milênios antes de Cristo, ou seja, do período neolítico até a Idade do Bronze. Ali se encontram provas da fabricação de cerveja, com resíduos de cevada, aveia e mingau de cereais queimados. Também havia resíduos de buquê-de-noiva, linho, cerefólio e meimendro. Assim, chegou-se à conclusão de que foram os povos campaniformes que instituíram o cultivo da cevada nas Ilhas Britânicas. A bebida ali produzida era consumida, nos rituais, em recipientes em forma de sino, por isso o termo "campaniforme". Na região também cresciam uvas, mas elas tinham baixo teor de açúcar, e, como o grão era mais abundante que o mel, a cerveja era mais popular que o hidromel – este, ao que tudo indica, ficava reservado para ocasiões especiais.

Os celtas foram para a Grã-Bretanha 1.500 anos depois dos povos campaniformes, por volta de 500 a.C. Eles tinham técnicas para trabalho com madeira e metal (Idade dos Metais), e assim se desenvolveu o barril cervejeiro equivalente à ânfora.

Na verdade, algumas dessas bebidas antigas talvez não tivessem por base apenas uma matéria-prima. Por exemplo, existem evidências na Dinamarca que sugerem que mel, mirtilo-vermelho e grãos de cereais eram misturados para a produção de determinadas bebidas alcoólicas.

Os romanos cultivaram cevada em todo o seu império para a produção de pão e cerveja. Existem até moedas encontradas em escavações romanas que representam a cevada. Porém, sem dúvida, o vinho era a bebida preferida dos romanos. Foi essa nação que introduziu as primeiras tabernas – ou *tabernae* –, localizadas estrategicamente ao longo de estradas recém-construídas.

À medida que nos aproximamos da era anglo-saxônica, descobrimos que a cerveja era abundantemente consumida. Há também o papel importantíssimo desempenhado pelos monastérios no desenvolvimento da controlada arte da fermentação, e a cerveja era um dos principais componentes da dieta tanto dos ambientes seculares quanto dos eclesiásticos. Logo se percebeu que era muito mais seguro beber cerveja que água.

Dessa época derivam várias palavras, cujo significado só foi desvendado mais tarde. Embora o termo *bior* logicamente soe como o precursor do termo em inglês para cerveja – *beer* –, ele pode na verdade ter sido empregado para descrever ou uma bebida feita à base de mel ou uma cidra. A bebida *ealu* era menos alcoólica e talvez fosse um produto feito à base de grãos originando, com o tempo, o termo Ale. *Win* e *meordu* foram os primeiros vinhos e hidroméis. Os estudiosos concordam que o vinho estava no topo da lista de bebidas preferidas, seguido pela *bior*, depois pela *meordu* e, finalmente, pela *ealu*.

Um dos primeiros defensores da prática da fermentação bem executada foi Carlos Magno, e, onde seu império se estabelecia, surgiam monastérios como sedes da fabricação de cerveja de qualidade. Nesses monastérios, iniciaram-se experiências em que se adicionava à cerveja misturas exclusivas de ervas e especiarias conhecidas como gruit. O uso do gruit, que incluía componentes como artemísia-verdadeira, alecrim-do-norte, urze, milefólio, gengibre, alcaravia, junípero, noz-

-moscada, canela e zimbro, introduziu a técnica de ferver os extratos, de modo a aumentar a extração dos sabores. Até então, todas essas matérias-primas eram colocadas em um único recipiente para ser misturadas com água quente, antes da consecutiva fermentação.

Mais tarde, com a introdução do lúpulo no lugar do gruit, os estágios de brassagem e fervura foram separados. Percebeu-se, então, que era possível coletar líquidos de diferentes intensidades, que poderiam ser fervidos e fermentados separadamente para a obtenção de produtos de diferentes potências.

A realeza há muito tempo se interessa pela cerveja. No tempo do rei Edgar, o arcebispo Dunstan decretou que pinos ou pregos deveriam ser colocados nos copos para regular o tamanho do gole que o bebedor podia dar de cada vez. Isso levou inevitavelmente a desafios entre os bebedores, nos quais eles podiam ver com que rapidez atingiriam a marca seguinte.

Ao longo da conquista normanda, os ingleses permaneceram fiéis à sua Ale, que naquela época era uma bebida à base de malte de cevada e aveia, embora ainda não levasse lúpulo. Especiarias eram acrescentadas para dar sabor.

Uma das inovações no controle de qualidade patrocinada por Guilherme, o Conquistador, foi o emprego dos "degustadores de cerveja", homens vestindo calças de couro que visitavam fábricas de cerveja e derramavam cerveja em bancos de madeira antes de sentar neles. Se eles ficassem grudados no banco, isso significava que o açúcar não tinha sido convertido com eficiência em álcool; e ai do produtor se isso acontecesse.

Por meio do Decreto da Cerveja e do Pão, de 1267, Henrique III aumentou os poderes dos degustadores de cerveja, de modo que eles tinham agora autoridade para alterar o preço da bebida dependendo da qualidade julgada. Os degustadores de cerveja sabiam quando havia cerveja para degustar porque o fabricante colocava um "sinal de cerveja" (um galho ou arbusto) do lado de fora de seu estabelecimento quando um novo lote havia sido produzido. Esse procedimento se estendeu à divulgação da própria cerveja e evoluiu para a sinalização feita por uma argola de barril pendurada à porta do estabelecimento; mais tarde, por objetos exibidos na argola, e, finalmente, para uma imagem do produto, como se vê atualmente nas placas dos *pubs* ingleses. O uso de figuras permitiu que se utilizasse o mesmo nome para muitos mais estabelecimentos (antes das ilustrações em massa, só poderia haver um lugar chamado, por exemplo, King's Head, ou Cabeça do Rei) e possibilitou uma maior diversidade de nomes – por exemplo, até essa época, não seria possível ter um *pub* com o nome Carruagem e Cavalos.

Um notável exemplo do orgulho que os ingleses sentiam da própria cerveja e de sua suposta superioridade sobre o vinho veio com a viagem de Thomas Becket à França em 1158. Henrique II, rei inglês, buscava uma aliança com o rei Luís VII, que se realizaria com o noivado de seu filho com a filha do rei francês. Becket foi enviado a Paris, levando consigo duas grandes carroças puxadas por cavalos e carregadas de cerveja. Um observador se deliciou com a visão da

CERVEJA, PREPARADA A PARTIR DE GRÃOS SELECIONADOS, UM PRESENTE PARA OS FRANCESES QUE SE ADMIRARAM COM ESSA INVENÇÃO – UMA BEBIDA MUITO SAUDÁVEL, LIMPA DE TODOS OS RESÍDUOS, FAZENDO FRENTE AO VINHO EM COR, SOBREPUJANDO-O EM SABOR.

[VINHOS *VERSUS* CERVEJAS]

Esse era um tempo em que os monges consumiam 4 litros por dia de Ale da máxima intensidade e talvez mais uns 4 litros de uma Ale mais suave. Dentro dos monastérios, as práticas controladas e reverenciadas de fermentação estavam sendo mantidas. Fora dos monastérios, a tradição de mulheres fabricantes de cerveja caseira continuava. Em algumas regiões da Inglaterra, 75% das famílias fabricavam sua própria Ale.

A Magna Carta de 1215 não ignorou o álcool. Em vez disso, insistiu em uma quantidade padronizada, com a cláusula 35 estipulando "que haja uma única medida de vinho em todo o reino e uma única medida de Ale".

A primeira organização que cuidou dos interesses partilhados dos fabricantes de cerveja foi a Brewers Company de Londres, em 1312. Grupos semelhantes se formaram em todo o país, e em alguns lugares eles regulavam quanto podia ser fabricado e estipulavam o preço da bebida.

Os ingleses tinham certeza de que sua superioridade em relação aos franceses na Guerra dos Cem Anos se devia ao fato de que eles bebiam Ale e não "aquela bebidinha azeda e rala das piores safras da França". Por muito tempo se considerou que a primeira cerveja com lúpulo chegou em Winchelsea, em 1400, vinda da Holanda. Ela se destinava aos mercadores holandeses que trabalhavam na Inglaterra e não gostavam do sabor doce da Ale inglesa. Entretanto, em 1971, foi descoberta uma embarcação nos pântanos de Graveney, perto de Whitstable, que provavelmente data do ano 949 e na qual, entre os resíduos de plantas a bordo, havia o de lúpulo.

O lúpulo vinha sendo usado no continente europeu havia muitos anos, com registros que demonstravam que essa planta era cultivada por volta do ano de 736 na região de Hallertau, na Baviera. A primeira referência à cerveja fermentada com lúpulo data do ano de 822, de um monastério às margens do rio Weser, na Alemanha. O lúpulo crescia em abundância nas planícies ribeirinhas e na orla das florestas. Era cultivado desde meados do século IX, principalmente na Boêmia, na Baviera, na Eslovênia e também na França. Os beneditinos eram conhecidos por cultivar o lúpulo.

No entanto, alguns historiadores acreditam que a palavra *hop* ("lúpulo") venha do termo eslavo *hmelj*. Este se originou na Finlândia. Alega-se que há menções ao lúpulo na saga finlandesa, "Kalevala", que pode ter mais de 3 mil anos. A runa – ou canto – XX é como transcrita a seguir.

> LOUHI, A SENHORA DE POHJOLA,
> CORRE AO *HALL* E AO TRIBUNAL,
> JÁ NO CENTRO FALA E DIZ:
> "DE ONDE VIRÁ A BEBIDA,
> QUEM ME FARÁ A CERVEJA,
> E O ABUNDANTE HIDROMEL,
> PARA A GENTE DO NORTE,
> QUE VEM COMEMORAR,
> O CASAMENTO DA MINHA FILHA?
> NÃO SEI PREPARAR O MALTE,
> NUNCA APRENDI O SEGREDO,
> NEM A ORIGEM DA CERVEJA".
>
> DO SEU CANTO, FALOU UM VELHO:
> "CERVEJA VEM DE CEVADA,
> CEVADA, LÚPULO E ÁGUA,
> O FOGO DE NADA SERVE.
> LÚPULO É FILHO DE REMU,
> AMANHADA A TERRA FOFA,
> SEMENTINHA, FOI PLANTANDO,
> ESPALHOU-SE COMO AS COBRAS
> JUNTO ÀS MARGENS DO KALEVA,
> PELOS CAMPOS DE OSMO.

[VINHOS *VERSUS* CERVEJAS]

A PLANTINHA PROSPEROU,
VEIO A GRAVINHA DE LÚPULO,
FIXA EM ROCHAS E AMIEIROS.

"UM SORTUDO SEMEOU
A CEVADA JUNTO AO OSMO,
ELA CRESCEU FORTE E BELA,
ALASTROU-SE EM ABUNDÂNCIA,
CONSUMINDO ÁGUA E AR,
EM VARJA E MORROS DO OSMO,
NOS CAMPOS DE HERÓIS DE KALEVA.

"POUCO TEMPO SE PASSARA,
E AS GRAVINHAS JÁ ZUMBIAM,
E A CEVADA JÁ CANTAVA,
E COM ÁGUA DO KALEVA,
ASSIM ESSE TRIO DIZIA:
'JUNTEMOS NOSSAS TRÊS FORÇAS,
JUNTEMOS NOSSOS PODERES;
TRISTE É SÓ VIVER LUTANDO,
SOZINHO, O LUCRO É PEQUENO,
MELHOR JUNTOS TRABALHARMOS'.

"OSMOTAR, A CERVEJEIRA,
CRIADORA DA BOA CERVEJA,
TOMANDO OS GRÃOS DE CEVADA,
E DELA MAIS SEIS SEMENTES,
DE LÚPULO MAIS SETE GRÃOS,
COM SETE COPOS DE ÁGUA,
O CALDEIRÃO LEVA AO FOGO,
CEVADA, LÚPULO E ÁGUA,
JUNTOS FERVEM E BORBULHAM
NASCE A GOSTOSA CERVEJA,
NO MAIS QUENTE DO VERÃO,
NEVOENTO O PROMONTÓRIO,
A ILHA TODA É FLORESTA;
ENTRA A CERVEJA EM BARRIS,
DE CARVALHO E VIDOEIRO.

"ASSIM OSMOTAR DE KALEVA
JUNTOU LÚPULO E CEVADA,
MAS OS DOIS NÃO FERMENTARAM.
PENSANDO E MAIS DISCUTINDO,

[UMA BREVE HISTÓRIA DA CERVEJA]

ASSIM FALOU PERTURBADA:
'O QUE TRARÁ A EFERVESCÊNCIA,
CADÊ O FATOR NECESSÁRIO,
DA ESPUMA E BRILHO DA CERVEJA,
FERMENTADA E DELICIOSA?'.

"OSMOTAR, A CERVEJEIRA,
KAPO, A CERVEJEIRA,
PENSOU MUITO E MEDITOU:
'O QUE TRARÁ A EFERVESCÊNCIA,
CADÊ O FATOR EFICAZ,
DA ESPUMA E BRILHO DA CERVEJA,
FERMENTADA E DELICIOSA?'.

"OSMOTAR, A CERVEJEIRA,
FABRICANTE DA CERVEJA,
USOU A ESPUMA PARA FERMENTAR;
MAS NÃO VINHA A EFERVESCÊNCIA,
ERA UMA BEBIDA SEM BRILHO.

"OSMOTAR, A CERVEJEIRA,
PENSOU MUITO E DISCUTIU:
'QUE OU QUEM ME TRARÁ O FERMENTO,
QUE TRAGA VIDA À CERVEJA?'.

"OSMOTAR, A CERVEJEIRA,
BOTOU MEL NA SUA BEBIDA;
MISTUROU CERVEJA E MEL,
E A CERVEJA FERMENTOU;
CHEIA DE VIDA SUBIU,
DO FUNDO DOS RECIPIENTES,
FOI SUBINDO NOS BARRIS,
ESPUMANDO MAIS E MAIS,
ATÉ AS ALÇAS DE CARVALHO,
TRANSBORDANDO OS CALDEIRÕES;
BRILHANDO, A ESPUMA NO CHÃO,
MOLHOU A AREIA E O CASCALHO.

"POUCO TEMPO SE PASSARA,
NADA MAIS DO QUE UM MOMENTO,
MUITOS HERÓIS JÁ VIERAM
PARA A ESPUMANTE CERVEJA DO NORTE,
PARA SEU BRILHO ACORRERAM.

[VINHOS *VERSUS* CERVEJAS]

POR PRIMEIRO LEMMINKÄINEN
BEBEU E SE EMBEBEDOU
DA CERVEJA DA FILHA DE OSMO,
DA BEBIDA DE KALEVA.

"OSMOTAR, A CERVEJEIRA,
KAPO, A CERVEJEIRA,
COM VOZ TRISTE ASSIM FALOU:
'AI DE MIM! MINHA VIDA INFELIZ,
MINHA CERVEJA É RUIM,
NÃO CONTÉM SABEDORIA,
DERRAMA-SE DOS BARRIS,
INUNDA TODA A POHJOLA!'.

"DE UMA COPA CANTA UM TORDO,
DA FAIA RESPONDE OUTRO:
'NÃO LAMENTE, A CERVEJA É BOA.
BOTE EM BARRIS DE CARVALHO,
BARRIS FORTES, BEM DISPOSTOS
COM FIRMES ARCOS DE COBRE'.

"ASSIM FEZ A SUA CERVEJA,
A FILHA DE OSMO DO NORTE.
ESSE É O JEITO DE FAZÊ-LA
COM O LÚPULO E A CEVADA;
É GRANDE A REPUTAÇÃO
DESSA ANTIGA CERVEJA DE KALEVA,
DIZEM QUE O FRACO FAZ FORTE,
DA MULHER ENXUGA AS LÁGRIMAS,
O DESOLADO REANIMA,
REJUVENESCE O VELHINHO,
AO TÍMIDO DÁ CORAGEM,
MAIS VALENTIA AO VALENTE.
DÁ AO CORAÇÃO ALEGRIA,
À MENTE SABEDORIA,
SOLTA A LÍNGUA COM HISTÓRIAS,
O TONTO MAIS TONTO FAZ."

QUANDO A SENHORA DE POHJOLA
SOUBE A ORIGEM DA CERVEJA,
COMO ELA PRIMEIRO FOI FERMENTADA,
DE IMEDIATO ENCHEU COM ÁGUA
MUITOS BARRIS DE CARVALHO;

[UMA BREVE HISTÓRIA DA CERVEJA]

PELA METADE OS MAIORES,
MISTUROU DEPOIS CEVADA,
ACRESCENTOU MUITO LÚPULO;
MISTURANDO OS TRÊS PODERES
EM SUAS BARRICAS DE FAIA,
PEDRAS AQUECEU POR MESES,
PARA FERVER A MISTURA,
MACERADA NO VERÃO,
MUITA LENHA FOI QUEIMADA,
ESVAZIADAS MUITAS FONTES;
SEU DEVER FEZ A FLORESTA,
AS FONTES CEDERAM A ÁGUA,
SERVINDO A SENHORA, LOUHI,
QUE FAZIA SUA BEBIDA,
DE ÁGUA, LÚPULO E CEVADA,
SOMANDO-LHE MEL DAS ILHAS,
PARA O CASAMENTO DAS TERRAS DO NORTE.
GRANDE FESTANÇA HAVERIA EM POHJOLA
ALEGRIA NO CASAMENTO
DA JOVEM DO ARCO-ÍRIS
COM O FERREIRO ILMARINEM,
O FERREIRO DE WAINOLA.

OLHOU E PENSOU LEMMINKÄINEN,
VIU QUE AS NUVENS DE FUMAÇA
NÃO ERAM FOGO DE BATALHAS,
NEM FOGUEIRAS DE PASTORES;
VINHAM DO FOGO DE LOUHI
QUE FAZIA SUA CERVEJA EM SARIOLA,
NO PROMONTÓRIO DE POHJOLA.
MUITO OBSERVOU LEMMINKÄINEN,
APUROU OS OLHOS ÁVIDOS,
ESPIOU, PENSOU, CISMOU,
CONFUSO E COM MUITA INVEJA,
"QUERIDA, SEGUNDA MÃE,
DONA BONDOSA DO NORTE,
FAZ TUA CERVEJA COM TEU MEL,
ESPUMANTE E CINTILANTE,
PARA OS TEUS MUITOS CONVIDADOS,
FAÇA-A BOA PARA LEMMINKÄINEN,
PARA SEU CASAMENTO EM POHJOLA
COM A JOVEM DO ARCO-ÍRIS."

[VINHOS *VERSUS* CERVEJAS]

A CERVEJA ENFIM FICOU PRONTA,
BEBIDA DE NOBRES HERÓIS,
POSTA EM PIPAS E BARRIS,
DESCANSA UM TEMPO EM SILÊNCIO,
NAS ADEGAS DAS TERRAS DO NORTE,
BARRIS COM ARCOS DE COBRE,
BARRIS DE CARVALHO MÁGICOS,
DE COBRE TAMPÕES, TORNEIRAS.
LOGO A SENHORA DE POHJOLA
HÁBIL, PREPAROU A COMIDA,
QUE DEITOU COM MÃOS CUIDADOSAS
EM PANELAS E CALDEIRAS,
PREPAROU MUITOS PÃES DE CEVADA,
TERRINAS DE CALDOS MIL,
QUITUTES TODOS DO NORTE,
PARA A FESTA DE SEU POVO,
PARA SUA GRANDE FESTA,
PARA O CASAMENTO COM MÚSICA E DANÇA,
O MATRIMÔNIO DA FILHA
COM O FERREIRO ILMARINEN.

OS PÃES JÁ ESTAVAM ASSADOS.
OS PRATOS COM BOM TEMPERO,
O TEMPO POUCO AVANÇARA,
MAL UM MOMENTO SE FORA,
E A CERVEJA PRESA NOS CASCOS,
BATEU, CANTOU, SUSSURROU:
"VENHAM, HERÓIS, VENHAM ME PEGAR,
QUERO ALEGRAR SEUS ESPÍRITOS,
FAZÊ-LOS CANTAREM SÁBIAS CANÇÕES,
QUE ME HONREM COM LOUVOR,
CANTEM A CERVEJA IMORTAL!".

LOUHI PROCUROU UM MENESTREL,
UM BARDO MAGO E CANTOR,
PARA A CERVEJA BEM LOUVAR,
COM CANÇÕES DE HONRA E EXALTAÇÃO.
ANTES DO BARDO VEIO UM SALMÃO,
TAMBÉM VEIO UM LÚCIO DO MAR,
MAS O SALMÃO NÃO TINHA TALENTO,
E O LÚCIO NÃO TINHA SABEDORIA;
DENTES E GUELRAS NÃO NASCERAM
PARA CANTAR LINDAS LENDAS.

BUSCARAM OUTRO CANTOR,
MAGO MENESTREL, ENCANTADOR DE CERVEJA,
PARA A BEBIDA DOS HERÓIS,
DECANTAR EM CANÇÕES ALEGRES;
VEIO UM MENINO CANTOR;
MAS ELE POUCO SABIA,
LOUVAR A CERVEJA NÃO PÔDE;
MENINOS SÓ TÊM PERGUNTAS,
NÃO FALAM COM SABEDORIA,
LENDAS ANTIGAS NÃO CANTAM.

MAIS FORTE, A CERVEJA PRESA
DENTRO DOS ARCOS DE COBRE,
TRANCADA PELAS TORNEIRAS,
FERVE, ESPUMA, CANTA E MURMURA:
"SE NÃO TROUXEREM UM CANTOR,
QUE CANTE A MINHA NOBREZA IMORTAL,
QUE CANTE O LOUVOR QUE MEREÇO,
OS ARCOS DE COBRE ARREBENTO,
OS BARRIS VOU EXPLODIR;
NÃO SERVIREI AOS HERÓIS
SEM O LOUVOR DE UM CANTOR".

Atualmente, o vinho pode atrair muito mais a atenção literária do que a cerveja, mas no "Hino a Ninkasi" e na "Kalevala" existe uma rica e antiga tradição de literatura dedicada à cerveja.

O lúpulo tem um extraordinário poder conservante, portanto a cerveja com lúpulo era mais facilmente transportada e tinha um prazo de validade mais longo. Antes do advento da utilização do lúpulo na Grã-Bretanha, a bebida Ale (termo que, na época, se restringia à cerveja sem lúpulo) tinha de ser forte, de modo que seu alto teor alcoólico impedisse que ela estragasse. Fazendo uso do lúpulo, o fabricante podia manter a cerveja com um nível alcoólico mais baixo – para grande pesar dos tradicionalistas ingleses, alguns dos quais se referiam ao lúpulo como uma "erva má e perniciosa".

[VINHOS *VERSUS* CERVEJAS]

Os fabricantes de cerveja eram nativos da Holanda e da Zelândia (Países Baixos) e chamados pejorativamente de "estrangeiros" pelos fabricantes ingleses de Ale. Henrique VIII chegou a proibir o uso do lúpulo em 1530, pois, em sua opinião, o lúpulo representava uma afronta para "a boa e velha Ale inglesa". De fato, o lúpulo era considerado uma planta "protestante", já que vinha dos Países Baixos. Duas décadas mais tarde, Eduardo IV suspendeu a proibição, e os termos Ale e *beer* rapidamente se tornaram sinônimos. Henrique VIII teve outros impactos na indústria da cerveja, quando extinguiu os monastérios. As tradições do fabrico da cerveja continuaram nas universidades, nas cervejarias domésticas (administradas por mulheres) e nos estabelecimentos que fabricavam e serviam cerveja (mais ou menos equivalentes aos *pubs* atuais). As casas de cerveja serviam apenas essa bebida; as tabernas também serviam vinho; e as estalagens, além das duas bebidas, ofereciam também pernoite.

O orgulho que os ingleses sentiam de sua cerveja foi encapsulado nas palavras do arauto da Inglaterra Sir John Coke, que disse em 1549, a um colega francês: "[...] temos boa Ale, cerveja, metheghelen, cidra e pirry, que são bebidas muito mais saudáveis que seu vinho, que faz as pessoas ficarem bêbadas e também inclinadas e aptas a todos os prazeres e desejos corruptos". Veterana entre os amantes de cerveja da realeza foi Elizabeth I, cujo séquito providenciava para que ela sempre recebesse cervejas de excelente casta para seu deleite, aonde quer que ela fosse no reino.

No final do século XVI, cultivava-se o lúpulo em toda a Inglaterra e também no País de Gales. Mesmo assim, muitos agentes de sabor eram usados – talvez mais de 150 plantas, incluindo louro, raiz de lírio-florentino, murta, milefólio, alecrim, erva-de-são-joão, junípero, alcaravia e losna. Já naquela época, havia uma diversidade muito maior de cervejas, de seus ingredientes e suas naturezas do que se observa no caso do vinho.

Na Baviera, a primeira iniciativa para restringir o uso de substâncias insalubres foi tomada em 1487, quando o duque Albrecht IV decretou que apenas a cevada, a água e o lúpulo poderiam ser usados para fabricar cerveja (o levedo, sem dúvida, ainda não era conhecido nessa época). Essa iniciativa se traduziu na famosa Reinheitsgebot, a Lei da Pureza da Cerveja, promulgada em 23 de abril de 1516 pelo duque Guilherme.

Com o avanço da revolução industrial, a indústria da fabricação da cerveja passou a ser dominada pelos homens. Os chamados *common brewers* (ou "cervejarias populares") tornaram-se estabelecimentos maiores à medida que a atividade se afastou do contexto doméstico. As fábricas empregavam principalmente as pessoas que moravam nas cidades; as grandes empresas passaram, então, a fornecer a cerveja, o que, até aquele momento, havia sido prerrogativa das mulheres. Além disso, a industrialização trouxe mais mudanças nas características da cerveja. A escassez de madeira, que, na época, era exigida para a fabricação de embarcações, levou à substituição de lenha pelo carvão para alimentar as fornalhas, o que teve um impacto direto nos sabores emprestados ao malte (ver a história da Porter no capítulo 9).

Outros tipos de bebidas continuavam desafiando o sucesso dos fabricantes de cerveja. Leis duvidosas de tributação estabeleceram que os produtores de gim deveriam pagar menos impostos do que os de cerveja, o que criou imediatamente enorme quantidade de destilarias que produziram de forma bastante irregular e perigosa um gim que trouxe sérios problemas para a saúde dos londrinos. A primeira cafeteria foi inaugurada em Oxford em 1650, acrescentando café ao chocolate e produzindo uma bebida popular. Nessas casas, servia-se também gim. O chá veio depois.

Em 1673, os fabricantes de cerveja levaram ao Parlamento uma petição que alegava que o chá, o café, o *brandy* e o *mumm* (cerveja sem lúpulo proveniente de Braunschweig – doce, açucarada, feita à base de malte de trigo e com sabores de plantas diversas) eram "prejudiciais à saúde corporal [...], ao contrário de nossa bebida nacional, a segura cerveja de cevada".

Em meados do século XIX, havia na Grã-Bretanha cervejas de três intensidades. A diferença baseava-se nas sucessivas brassagens do mesmo lote de malte. O produto da primeira brassagem era, obviamente, o mais forte. Daí se seguia o acréscimo de água, e o produto resultante tinha uma intensidade intermediária. O produto da última infusão era conhecido como *small beer* – "cervejinha" – ou, de forma menos gentil e devido à sua relativa inconsistência, chamado de *rot gut* – algo como "estraga-tripa".

Em termos científicos, a fabricação de cerveja tem sido mais inovadora que a do vinho. James Baverstock Jr., em 1760, usou pela primeira vez um termômetro na produção de cerveja, antes disso, os cervejeiros utilizavam uma "regra prática": a água estava pronta para ser utilizada na brassagem se a mão pudesse aguentar o calor ou se o rosto fosse refletido nela.

O pai de Baverstock tinha feito experiências com um sacarômetro (hidrômetro) em 1768, mas o uso desse instrumento foi especialmente promovido por John Richardson em 1785.

O primeiro fabricante a instalar uma máquina a vapor foi a Cook and Company, em Stratford-Le-Bow, em 1777. Já não mais havia o que restringisse o crescimento do volume de fabricação de cerveja, talvez com a exceção do espaço nos centros urbanos, cuja escassez obrigou as cervejarias a crescer verticalmente, assumindo o formato de torres, o que permitiu a utilização da força da gravidade para o fluxo natural do líquido no escoamento.

O precursor do turismo ligado ao vinho em regiões como o Napa Valley, nos Estados Unidos, por exemplo, certamente é o setor cervejeiro de Londres, que, com seus enormes recipientes, constituía uma importante atração turística do século XIX. Era justamente o tamanho desses recipientes que tornava um desafio manter o controle da temperatura da bebida, razão pela qual, no início, a fabricação da cerveja ficava restrita aos meses mais frescos no hemisfério norte, entre outubro e abril. Em 1790, Long introduziu as serpentinas para resfriamento, depois vieram o permutador térmico de Yandall, em 1826, e a refrigeração desenvolvida por Linde por volta de 1870, que permitiram que a cerveja fosse fabricada e que a indústria gerasse renda o ano todo. Em países com grande extensão territorial, como os Estados Unidos, era possível distribuir a cerveja em trens com vagões refrigerados. As cervejarias, então, podiam otimizar seu crescimento, e de fato o fizeram. O século XIX também testemunhou o desenvolvimento do processo de aspersão, uma vez que Joseph Bramah já havia desenvolvido a bomba de cerveja para acoplar aos barris no final do século XVIII.

A tributação da cerveja era implacável. Gradualmente, um sistema britânico com base na tributação das matérias-primas, malte e água foi substituído por outro no qual o imposto era cobrado sobre a intensidade do teor alcoólico da cerveja e sobre o volume vendido. Entre as guerras que foram financiadas pela intensidade do teor alcoólico da cerveja, está a guerra pela independência norte-americana. De maior impacto foi a Lei do Mosto Livre, de Gladstone, em 1880, segundo a qual, uma vez que a tributação ocorreria de acordo com a intensidade e o volume da cerveja, os fabricantes teriam, então, permissão para fazer experiências com as matérias-primas usadas. Isso significava que, a partir daquele momento, poderiam ser utilizados adjuntos – o que levou à maior variedade de tipos de cerveja, tanto em termos de sabor quanto de cor.

Louis Pasteur estudou o vinho e a cerveja, publicando os *Études sur le vin* (Estudos sobre o vinho), em 1866, e os *Études sur la bière* (Estudos sobre a cerveja), em 1876. Esse ano também testemunhou a fundação do Clube da Bactéria, presidido por três membros da Sociedade Real sediados nas maiores fábricas de cerveja da pequena cidade de Burton-on-Trent, no interior da Inglaterra. O grupo cresceu e se transformou no Clube do Laboratório e, posteriormente, no Instituto dos Fabricantes de Bebidas Fermentadas, que existe até hoje como uma organização internacional que leva o nome de Instituto dos Fabricantes de Bebidas Fermentadas e Destiladas. Trata-se de uma das mais importantes sociedades concentradas na ciência e na prática do fabrico da cerveja. Outras instituições notáveis são a Convenção Europeia dos Fabricantes de Cerveja, a Associação de Mestres Cervejeiros das Américas, a Sociedade Americana de Químicos de Cervejarias e o Congresso dos Cervejeiros, do Japão. O enfoque das questões técnicas ultrapassa tudo o que se observa na indústria do vinho.

Avanços políticos e tecnológicos continuaram a influenciar e moldar o setor cervejeiro ao longo dos séculos XIX, XX e XXI. A tampa metálica do tipo coroa foi patenteada por William Painter em 1892, o que, junto com os desenvolvimentos na indústria do vidro, permitiu a comercialização de cerveja em garrafas e possibilitou que ela fosse levada para casa em vez de bebê-la no *pub*. Tipos cada vez melhores de cevada foram produzidos por pessoas como Beven, Hunter e Gosset – este, um experiente estatístico que adorava o apelido Student; muitos devem se lembrar do teste-t de Student, bastante utilizado na área de estatística. Em Copenhague, em 1883, Emil Christian Hansen aperfeiçoou a tecnologia da levedura pura, que – como acontece com muitas das técnicas que se desenvolveram primeiro na indústria da cerveja – hoje é adotada principalmente nos processos de fermentação em muitas áreas, desde produtos farmacêuticos, passando pela biotecnologia e chegando, também, à produção de vinho.

Leopold Nathan desenvolveu, na Suíça, no final do século XIX, os recipientes cilindrocônicos de fermentação feitos de aço inoxidável, mais higiênicos. Na mesma época, técnicas para acelerar a malteação, a fermentação e a maturação, bem como para maximizar o rendimento (fermentação de alta gravidade), revolucionaram as práticas de fabricação de cerveja sem colocar em risco a sua qualidade. Os cervejeiros estavam mais preparados para inovar do que os vinicultores e vinham usando equipamentos higiênicos e de temperatura controlada muito antes que os produtores de vinho.

J. W. Green, de Luton (sul da Inglaterra), foi o primeiro a encher um barrilete – *keg* – de cerveja, em 1946. O primeiro a usar latas de aço foi Kreuger, de Newark, em Nova Jersey, Estados Unidos, em 1935. A primeira lata de alumínio foi a da Coors, lançada em 1959. A partir de então, temos visto garrafas de plástico cada vez melhores e, atualmente, até mesmo garrafas de alumínio.

A história da cerveja nos Estados Unidos

Os pais peregrinos – Pilgrim Fathers, a congregação protestante que iniciou a colonização da Nova Inglaterra – atracaram em Plymouth, Massachusetts, em dezembro de 1620, quando, na verdade, teriam preferido ir mais ao sul – por quê? Porque, como diz o diário de bordo, "nós não podíamos perder mais tempo com buscas e considerações, nossos víveres estavam chegando ao fim, principalmente nossa cerveja".

Só havia cerveja restante a bordo para satisfazer os marinheiros na viagem de volta. Enquanto isso, os menos afortunados colonizadores tiveram de ficar em terra e beber a água local, cujas bactérias inevitavelmente fizeram que eles adoecessem. O estágio da fervura na fabricação da cerveja (por motivos que, naquela época, eram desconhecidos) trazia o grande benefício de destruir micro-organismos que não eram bem-vindos em seus intestinos. Não é de causar surpresa que logo fosse lançado um apelo para que as próximas listas de passageiros fossem preenchidas com os nomes de alguns cervejeiros.

Adrian Block, da Holanda, fundou a primeira cervejaria comercial em Nova Amsterdã (hoje Nova York) em 1613. A primeira rua pavimentada dos Estados Unidos surgiu nessa cidade, em 1657, para permitir uma passagem mais suave dos carros de cerveja, que eram puxados por cavalos. Embora os primeiros imigrantes nos Estados Unidos fossem um tanto puritanos, a cerveja era considerada, naquela época e ainda hoje, a bebida da moderação. As ofertas alternativas eram suspeitos destilados de milho fermentado. De fato, os imigrantes escoceses e irlandeses levaram sua paixão pelo uísque, de modo que, antes da Guerra Civil, a cerveja representava pouco mais de 10% de todo o álcool consumido nessa nação. Por volta do século XVIII, Nova York e a Filadélfia eram as principais sedes de fabricação de cerveja e, na virada do século XIX, havia mais de 150 fábricas nos Estados Unidos, que produziam 230 mil barris, com um terço das fábricas localizadas nessas cidades.

A primeira metade do século XIX assistiu à fundação da grande dinastia de cervejeiros nos Estados Unidos, todos oriundos da Alemanha. David Yuengling construiu sua fábrica (que ainda existe na Pensilvânia) em 1829. Os irmãos Schaefer se estabeleceram em Nova York, em 1842. Em 1840, Lemp em St. Louis e Wagner, na Filadélfia, inauguraram as primeiras cervejarias estadunidenses especializadas em cerveja do tipo Lager. Em 1844, Jacob Best fundou a companhia que depois se transformou na Pabst, quando sua filha se casou com o capitão de embarcações a vapor Frederick Pabst e, em 1855, Frederick Miller comprou em Milwaukee a Plank Road Brewery dos fi-

[VINHOS *VERSUS* CERVEJAS]

lhos de Jacob Best. Bernard Stroh inaugurou sua fábrica em Detroit, em 1850. Em 1860, Eberhard Anheuser comprou uma cervejaria que passava por dificuldades em St. Louis e, depois que sua filha se casou com um fornecedor chamado Adolphus Busch, surgiu a poderosa Anheuser-Busch Company. Em 1872, outro migrante da Renânia, Adolph Coors, estabeleceu sua empresa em Golden, no estado norte-americano do Colorado.

Por volta de 1873, havia mais de 4 mil cervejarias nos Estados Unidos, com produção média de 2.800 barris cada uma. A racionalização veio no final da Primeira Guerra Mundial, quando havia a metade do número de cervejarias, cada uma produzindo em média mais de 50 mil barris. No final da Segunda Guerra Mundial, havia apenas 465 cervejarias nos Estados Unidos, com produção média de 190 mil barris.

A produção da cerveja do tipo Lager exigia o gelo para um período mais longo de estocagem. Consequentemente, essa cerveja tinha de ser fabricada no inverno para ser estocada (em alemão, *Läger* significa depósito) até que chegasse o verão com sua grande demanda. Daí é possível deduzir as vantagens de localizações como Milwaukee, onde o gelo do Lago Michigan e as grutas locais eram usados para o armazenamento da cerveja. Essa cidade do estado de Wisconsin rapidamente emergiu como um grande centro produtor de cerveja dos Estados Unidos, com a Pabst e a Schlitz entre as concorrentes da Miller. Entretanto, depois que Linde fez uma demonstração da refrigeração artificial, a Lager pôde ser produzida a qualquer tempo – e em qualquer lugar. As propostas de Pasteur de aquecer a cerveja para tratá-la e matar os micro-organismos que poderiam deteriorá-la, junto com o advento da garrafa e da tampa em coroa, fizeram que o produto pudesse ser embalado e levado para casa, além de ser consumido em praticamente todo lugar. A essas inovações podem-se acrescentar o desenvolvimento da rede ferroviária transnacional, com vagões que continham as mais modernas técnicas de refrigeração; o advento das latas, com seu peso menor em relação às garrafas; os barriletes de metal, que permitiam que o chope fosse embalado e transportado com mais segurança. Tudo isso possibilitou que as principais cervejarias enviassem seus produtos para as grandes cidades de todo o país, e rapidamente se desenvolveu o gosto norte-americano pelos produtos claros, translúcidos, relativamente secos e de sabor delicado que agora representam dois terços das vendas de cerveja nos Estados Unidos.

A força dos cervejeiros foi bastante ameaçada durante a época da lei seca. Já havia alguns anos que vozes se faziam ouvir contra o álcool. O doutor Benjamin Rush, signatário da Declaração da Independência, argumentara, em 1784, que "os espíritos fortes" causavam, entre outros males, obstrução do fígado, icterícia, rouquidão, diabetes, gota, epilepsia, loucura e "arrotos frequentes e repulsivos". Em particular, ele estava chamando a atenção das pessoas para o impacto das bebidas alcoólicas, algo comum na sociedade da época. Um grupo de empresários de Connecticut se acautelou e deixou de disponibilizar rum para seus funcionários, substituindo essa bebida por cerveja e cidra, que eram bebidas de moderação. Já o presidente Thomas Jefferson escreveu a um amigo, em 1815, o seguinte comentário sobre a cerveja: "Quero que essa bebida tome o lugar do cotidiano uísque, que mata um terço de nossos cidadãos e arruína suas famílias".

[VINHOS *VERSUS* CERVEJAS]

A Sociedade pela Temperança foi fundada no estado de Nova York, em 1808. A cerveja era considerada aceitável, mas os 44 membros se comprometiam a não consumir "rum, gim, uísque, vinho ou qualquer bebida destilada... exceto por indicação médica, ou em caso de doença real, excetuando-se também o vinho, em jantares públicos". Várias outras sociedades desse tipo surgiram e se alastraram, defendendo a moderação, não a abstinência.

Foi o ministro presbiteriano Lyman Beecher o primeiro a fazer oposição ao álcool em todas as suas manifestações. Ele implorava às pessoas que se juntassem a sua cruzada para livrar o país dos "vendedores de rum, dos bêbados, dos infiéis e da gentalha". Seus sermões eram distribuídos por toda a nação e, consequentemente, os empregadores deixaram de oferecer bebidas para seus funcionários e as rações de bebidas alcoólicas foram banidas no Exército norte-americano. A União Americana pela Temperança de Beecher lutava para persuadir cada estado a proibir a produção e a venda de álcool. No início, a cerveja era aceita nessa organização, mas também acabou sendo vítima dos fanáticos, em 1836. A consequência foi um *declínio* no número de seus seguidores. Muitas pessoas perceberam que eram as bebidas fortes que estavam fazendo tantos se perderem, não a cerveja.

A luta contra o álcool ficou menos acirrada em 1833, quando a Suprema Corte dos Estados Unidos decidiu que os estados podiam regulamentar o comércio de bebidas alcoólicas dentro de suas fronteiras. Além disso, foi permitida a "opção local" pela qual condados ou cidades poderiam introduzir a lei seca se assim quisessem.

O estado de Massachusetts, em 1838, proibiu as vendas de bebidas alcoólicas em quantidades menores que quinze galões (o que corresponde a cerca de 60 litros). Não durou muito. Os fregueses compravam 15 galões mais um gill (142 mℓ), bebiam o gill e devolviam o restante. O estado do Maine introduziu a lei seca total em 1851, e, logo, mais treze estados fizeram o mesmo – mas, pouco depois, 9 deles revogaram a lei e a declararam inconstitucional. Apenas os estados de Maine, Kansas e Dakota do Norte permaneceram firmes – e em todos eles havia contrabandistas e tabernas clandestinas (que eram chamadas de *blind pigs*, ou "porcos cegos").

As mulheres logo passaram a liderar a luta contra o álcool. Um dos *slogans* dizia mais ou menos assim:

NÓS JAMAIS VAMOS BEBER
UÍSQUE OU GIM, CONHAQUE OU RUM
OU O QUE POSSA EMBEBEDAR.

Os "versos" não têm nada de clássico – mas pelo menos não fazem menção à cerveja (nem ao vinho).

A União das Mulheres Cristãs pela Temperança contava com a participação de integrantes ilustres, como a primeira-dama, a sra. Rutherford B. Hayes (também conhecida por "Lucy Limonada"). A organização prontamente acolheu a temível Carry Nation, que instituiu o "ataque da machadinha", invadindo e destruindo com essa ferramenta as tabernas clandestinas em seu estado natal, Kansas, e também fora dele. Os ataques desencadearam um entusiasticamente bem-recebido ciclo de palestras em que machadinhas podiam ser compradas como *souvenir*. Diz-se que nenhuma publicidade é ruim e logo os produtores de bebidas alcoólicas estavam lançando os coquetéis Carry Nation. Os bares foram decorados com machadinhas e placas que faziam um trocadilho com o sobrenome da militante: "All Nations welcome but Carry", ou "Todas as nações são bem-vindas, menos a Carry".

Carry Nation provavelmente tinha problemas emocionais, por isso o mais bem-sucedido movimento em prol da lei seca – a Liga contra os Bares, originada em uma igreja congregacional em Ohio – ignorou-a. A tática desse grupo era mais sutil e discreta, persuadindo progressivamente as cidades e os condados a abraçarem a lei. Logo, obtiveram sucesso em âmbito estadual: Geórgia, Oklahoma e, depois, mais meia dúzia de estados. Em 1913, após vinte anos de existência, a Liga contra os Bares marchou na capital, Washington, repetindo o *slogan* "A saloonless nation in 1920" ("Um país sem bares em 1920"). Vários simpatizantes do movimento foram eleitos para o Congresso.

O 65º Congresso, estabelecido em março de 1917, declarou guerra à Alemanha após o afundamento do *Lusitânia*. Essa ação exigiu leis que garantissem que os Estados Unidos estivessem em condições de entrar em uma guerra, o que incluía uma boa produção e distribuição de alimentos. Na Constituição, inseriu-se um artigo que proibia a fabricação e a venda de bebidas alcoólicas, de modo que os grãos fossem reservados para a produção de alimentos. Os que discordavam da lei seca mostraram-se contrários e estabeleceu-se um acordo para que o Senado votasse separadamente uma emenda na Constituição relativa à lei seca. Surpreendentemente, a 18ª Emenda passou pelo Congresso e recebeu a aprovação de 36 parlamentares em menos de um ano. Apenas os estados de Rhode Island e Connecticut deixaram de aprovar a emenda, que foi oficialmente adotada em 16 de janeiro de 1919, com a lei seca nacional sendo posta em prática um ano mais tarde. Eram proibidas as bebidas alcoólicas embriagantes, definidas como aquelas que continham mais que 0,5% de álcool. Os estoques de álcool foram destruídos. Pelo menos 478 cervejarias ficaram impossibilitadas de realizar seu principal negócio. Um dos maiores nomes, Lemp, em St. Louis, fechou as portas para sempre. Outros desenvolveram produtos alternativos nos quais pudessem empregar suas tecnologias, como sorvetes, bebidas não alcoólicas feitas à base de malte (incluindo a cerveja sem álcool), levedura e xaropes.

Os cervejeiros não ficaram quietos. Já no início de 1921, um grupo de fabricantes e médicos fez esforços para convencer o Congresso de que a cerveja era um remédio vital. Chamou-se atenção para seus poderes relaxantes e méritos nutricionais. Foi sugerido que as vitaminas da cerveja tinham salvado a nação britânica mais de uma vez. O procurador-geral, A. Mitchell Palmer, declarou que os médicos podiam receitar cerveja da maneira que considerassem adequada e que os farmacêuticos poderiam tomar conta das vendas, vendendo cerveja em suas máquinas de refrigerantes. A Anti-Saloon League ficou horrorizada e o Congresso rapidamente limitou as receitas de vinho e destilados (ambos eram considerados "medicinais") a menos de meio *pint* (o que corresponde a cerca de 220 mℓ) a cada dez dias – e proibiram a cerveja (a bebida da moderação) completamente.

É inútil negar às pessoas algo que a maioria aprecia e consome com moderação. Em Nova York, antes da lei seca, havia

[VINHOS *VERSUS* CERVEJAS]

15 mil bares; depois dela, 32 mil bares clandestinos. Mulheres e jovens decidiram que beber era um hábito que agora eles poderiam adotar; antes, não pensavam dessa forma. As "biritas" entravam clandestinamente no país: por terra, vinham do Canadá e do México; por navio, de Cuba, das Índias Ocidentais e da Europa. Havia também as bebidas produzidas clandestinamente nos Estados Unidos, muitas delas perigosas, devido à falta de regulamentação. Houve muita corrupção nos altos escalões e obviamente a formação de algumas infames reputações criminais entre os gângsteres, destacando-se Al Capone. Os fabricantes clandestinos faturavam 2 bilhões de dólares por ano, o que correspondia a cerca de 2% do Produto Interno Bruto.

Rapidamente, surgiram grupos – como a Liga da Moderação – que tentavam revogar a Lei Volstead, a qual permitira a sanção federal da 18ª Emenda. Em 1930, a Associação Americana de Advogados adotou uma resolução que pedia a revogação da 18ª Emenda. A iniciativa recebeu apoio da Liga Nacional das Mulheres para a Reforma da Lei Seca. Os que defendiam a lei seca corriam o risco de ser considerados apoiadores da cultura dos gângsteres.

No início da década de 1930, a nação enfrentava a Grande Depressão. Muitos argumentavam que a situação tinha sido causada pela lei seca e que a revogação dessa lei ajudaria a criar empregos e a angariar os impostos tão necessários aos cofres públicos.

A campanha presidencial de 1932 foi, em grande medida, empreendida com base no movimento a favor do álcool. Herbert Hoover dizia que a lei seca havia sido um "experimento de propósitos nobres" e prometia fazer o que pudesse para corrigir quaisquer efeitos nocivos que ela tivesse causado. Franklin Delano Roosevelt deu um grande passo: "Prometo que, de hoje em diante, a 18ª Emenda está com os dias contados".

Um dos *slogans* de campanha era "A New Deal and a Pot of Beer for Everyone" ("Um novo acordo e um caneco de cerveja para todos"). Roosevelt foi eleito e nove dias depois solicitou ao Congresso uma emenda à Lei Volstead que permitiu que o teor alcoólico da cerveja subisse de 0,5% para 3,2% por medida de peso. A lei foi aprovada. Sentado à mesa do jantar no dia 12 de março de 1933, Roosevelt teria dito: "Acho que esta é uma boa ocasião para uma cerveja". (E não para uma taça de vinho Chardonnay, eu completaria!)

Sancionar ou não a lei seca tornou-se uma questão estadual e demorou até 1966 para que o estado de Mississípi deixasse de ser o último "estado seco". O hiato tão longo (treze anos sem fabricação de cerveja na maioria dos estados) teve suas consequências. Houve uma perda de cervejeiros e funcionários treinados e habilidosos, além de uma herança de equipamentos não confiáveis, o que levava a produtos igualmente duvidosos em muitos casos. Sobreviveram os mais fortes e os que tinham mais recursos – e força, aqui, era sinônimo de tamanho.

Por volta da década de 1960, havia menos de cinquenta cervejarias nos Estados Unidos. Mas o senador californiano Alan Cranston introduziu uma legislação para legalizar a fabricação doméstica, que foi assinada e transformada em lei pelo presidente Jimmy Carter em 1978. Obviamente, tinha havido muita fabricação clandestina de cerveja em pequena escala antes disso, mas a nova lei significava que algumas das pessoas que faziam cerveja em seus sótãos ou garagens poderiam agora "sair do armário" e, além disso, desenvolver seu *hobby* dentro da lei e de forma mais ampla. Em 2005, havia 1.368 cervejarias nos Estados Unidos. A maioria delas (927, para ser preciso) de pequena capacidade, em geral servindo cerveja no próprio estabelecimento (*brewpubs*). Todavia, muitas das cervejarias "artesanais" produzem milhares de barris. E o movimento gerou enorme interesse por uma gama mais ampla de tipos de cerveja. Entretanto, devemos notar que, dos cerca de 200 milhões de barris de cerveja vendidos no varejo norte-americano, apenas cerca de 7 milhões são fornecidos pelas chamadas cervejarias "artesanais", que incluem os *brewpubs*, as microcervejarias, as cervejarias regionais especiais e as cervejarias terceirizadas. Em outras palavras, 85% do mercado cervejeiro dos Estados Unidos correspondem às fábricas maiores e apenas pouco mais de 3% corresponde ao segmento da indústria artesanal. As cervejas importadas respondem pelo restante.

A EVOLUÇÃO DO *PUB*

As argolas de metal brilhavam, voavam pelo ar úmido do fim da tarde, aterrissando com um som chapado e um tinido ao atingirem simultaneamente o pino de metal ao qual deviam se encaixar, no centro da praça de saibro úmido. Mais um aro havia sido arremessado com perfeição na competição que acontecia no idílico povoado de Beckhole, em Yorkshire, norte da Inglaterra. E, à medida que os aros eram arremessados, os membros das equipes, os juízes e os torcedores, todos bebericavam socialmente em um ambiente amigável suas cervejas, algumas claras, outras cor de âmbar, outras mais escuras e outras de um tom tão escuro que combinava com a cor do céu noturno. E este garoto achava fabulosa essa cena da década de 1950.

É definitivamente a história do ovo e da galinha. O que veio primeiro? A cerveja ou o *pub*? Alguns diriam que o jogo de argolas foi praticado pela primeira vez pelos romanos, mas é certo que ele, junto com vários outros jogos, tornou-se sinônimo de convívio em estalagens de pequenos povoados. E, assim, temos aqueles que fazem parte de qualquer *pub* inglês que se preze: jogos de pinos, o Aunt Sally, o Shove halfpenny, dominós, damas, baralhos e, claro, dardos. E o que seria mais tipicamente inglês do que o som do couro da bola no taco enquanto se desenrola o jogo de críquete no campo do vilarejo? Afaste ideias de sanduíches de pepino e chá em porcelana chinesa. Pense em canecas de cerveja.

Certamente essas imagens – e seus equivalentes em torno das estalagens, tabernas e outros estabelecimentos de outros países – falam de forma convincente sobre o papel central que a cerveja desempenhava na estruturação das sociedades. Por algum motivo, o vinho não atingiu esse papel no estilo de vida do trabalhador. Seu papel está muito mais intimamente ligado à mesa de jantar, um lugar que a cerveja pode, com justiça, ocupar, além das outras diversas atividades sociais que ela rega.

Podemos identificar o início da história do *pub* (*public house*) na Inglaterra saxônica e nas primeiras casas de madeira, as tabernas, situadas ao longo das estradas construídas pelos romanos. Um longo poste era usado para identificar esses lugares que serviam bebidas. Quando eles vendiam vinho além de hidromel e cerveja, pendurava-se um ramo de hera no poste.

Na virada do segundo milênio, havia uma casa de cerveja no centro de cada vilarejo. As técnicas da fabricação de cerveja desenvolvidas nos monastérios foram transmitidas às mulheres que fabricavam a bebida em casa. Assim, elas começaram a vender a cerveja que fabricavam, convertendo sua casa no que agora chamaríamos de *brewpub* (um *pub* que fabricava a própria cerveja).

No início do século XIV, havia um *brewpub* para cada doze pessoas na Inglaterra. Em Faversham, em 1327, 84 entre 252 comerciantes eram cervejeiros. Toda a cerveja tipo Ale era vendida localmente devido às limitações de transporte e à dificuldade de conservar a bebida por um longo tempo. As mulheres (*brewsters* ou *alewives*) fabricavam a cerveja. Uma *huckster* era uma mulher que revendia a cerveja comprada de uma fábrica, e as mulheres que vendiam vinho eram chamadas de *hostesses*. Comercializava-se a cerveja em três tipos de estabelecimentos: estalagens, onde também eram oferecidas comida e acomodações; tabernas, que também vendiam vinho; e as casas de cervejas. No entanto, 90% da cerveja ainda era de "produção caseira". As casas de cerveja foram se desenvolvendo em estabelecimentos mais adequados ao mercado, as Public Houses, com salas diferentes para diferentes classes de clientes.

Nos "satânicos e escuros moinhos" da Revolução Industrial – tomando de empréstimo as palavras do poeta William Blake –, os operários viviam em casas que eram, na melhor das hipóteses, parcamente aconchegantes, mas também escuras, sujas, úmidas e frias. Para a maioria, era o *pub* que oferecia o calor, a luz e a ascensão social que eles buscavam. O *pub* era o coração da comunidade. Essa mentalidade foi transferida para os Estados Unidos com os primeiros colonizadores, que estabeleceram a taberna no âmago da comunidade. Foi o doutor Samuel Johnson quem disse: "Não há nada criado pelo homem que produza tanta felicidade quanto uma boa taberna ou estalagem". Infelizmente, o *pub* do ano de 2007 era muito diferente. E por isso eu culpo em grande parte Margaret Thatcher. Vou explicar.

Em 1989, o governo de Thatcher introduziu as "Ordens da Cerveja" (Beer Orders). Ela considerava que o setor britânico de fabricação de cerveja compreendia um monopólio por causa de sua integração vertical. Havia as "seis maiores" cervejarias do Reino Unido: Bass, Allied, Whitbread, Courage, Watney's e Scottish & Newcastle. Além dessas, existiam incontáveis fábricas de cerveja menores. Todas elas fabricavam uma grande variedade de cervejas, mas o que não agradava a Thatcher era o fato de essas seis fábricas venderem suas cervejas por meio de seus próprios *pubs* (*tied houses*, algo como "casas amarradas"). A Bass, por exemplo, tinha mais de 6 mil *pubs*. A primeira-ministra, evidentemente, preferia o conceito da "casa livre", *pubs* que não ficavam presos a um único fabricante de cerveja e podiam vender qualquer marca.

Assim, as Ordens da Cerveja foram introduzidas e sua primeira versão estipulava que nenhum fabricante de cerveja podia possuir mais que 2 mil *pubs*. O resultado potencial foi um número terrivelmente grande de *pubs* no mercado.

Entretanto, os fabricantes de cerveja podem ser tudo, menos bobos. Todos eles sabiam que o principal lucro não é obtido na fabricação, mas na venda da cerveja – ou seja, a margem de lucro está no *pub* – e que, se alguém pretende ter lucros na fabricação e está vendendo no atacado, a única maneira de obter êxito é fabricar muita, mas muita cerveja mesmo. E, assim, para todas aquelas fábricas maiores, a decisão estava clara: tornarem-se megacervejarias para vender cervejas aos varejistas (incluindo as novas empresas de *pubs*, que podiam possuir quantos estabelecimentos quisessem porque não fabricavam cerveja nenhuma) ou sair do negócio completamente e comprar *pubs*, hotéis e outros estabelecimentos nos quais pudessem vender cerveja e auferir um lucro razoável.

O resultado da comissão dos monopólios de Thatcher foi que, daquelas "seis maiores", apenas a Scottish & Newcastle ainda existe como uma fabricante independente de cerveja, que engordou por meio da aquisição de fábricas em lugares como França, Finlândia, Portugal e Rússia. Uma empresa famosa como a Bass, fundada em 1777, cujo famoso triângulo vermelho é a mais antiga marca registrada do mundo, é agora a maior empresa mundial de hotelaria (a InterContinental). Suas cervejarias foram divididas entre a maior fábrica do mundo (Inbev) e a Coors.

Ainda há *pubs* no Reino Unido, mas a variedade de cervejas é certamente menor do que antes de 1989. E não é só isso; as Ordens da Cerveja constituíram um fator importante que levou ao desaparecimento de estilos tradicionais de cerveja inglesa. O conhecido trajeto da fabricação da cerveja nas Ilhas Britânicas tem sido transferir a cerveja fermentada para barris e a ela também adicionar um pouco de açúcar, lúpulo e *isinglass*, para a clarificação. A levedura residual converte o açúcar em dióxido de carbono, que induz a necessária formação de um pouco de carbonatação na cerveja. O lúpulo acrescenta um agradável e maduro caráter aromático. E a clarificação fica por conta do *isinglass*, que permite que os produtos insolúveis afundem no barril, tornando a bebida cristalina. Esse processo demanda habilidades por parte da pessoa que serve a cerveja no bar, caso contrário, o cliente vai receber um caldo escuro e turvo em seu copo. O outro ponto é que o barril, uma vez aberta sua torneira, tem um prazo de validade de apenas três dias, pois essa cerveja não é pasteurizada. A consequência de um manuseio aquém do perfeito no caso dessas cervejas é o produto rapidamente se transformar em vinagre.

Nos tempos da integração vertical, as fábricas de cerveja tinham equipes de especialistas trabalhando com o pessoal do *pub*, para garantir que essas cervejas fossem mantidas em condições ideais. Mas depois que esse elo íntimo foi quebrado, os resultados muitas vezes foram catastróficos. Era mais fácil, portanto, não vender essas cervejas. Resultado: a perda de toda uma variedade de cervejas. Preferência e monopólio mesmo!

Sem dúvida, outras forças foram decisivas na mudança dos hábitos de apreciar cerveja no Reino Unido. Não podemos jogar toda a culpa na Dama de Ferro. Começando com a Guinness e sua cápsula propulsora de nitrogênio que permitia que a bebida fosse servida em casa da mesma forma que no bar, produziu-se um grande número de cervejas diferentes para ser consumidas longe do *pub*. Compensava mais não sair, ficando livre da sobretaxa exigida no bar. E, em casa, há televisão e computadores e muitas outras atrações em uma época na qual não é necessário ir ao *pub* para se manter aquecido e estimulado.

O *pub* foi se transformando. Deixou de ser um lugar onde o foco era conversar e jogar jogos simples para virar um local para jantar (muitas vezes com acompanhamento de vinho!) ou para

[VINHOS *VERSUS* CERVEJAS]

interagir socialmente, o que não é possível quando se bebe sozinho em casa. Lá é possível também assistir aos jogos de futebol na TV a cabo (é mais barato do que ter sua própria assinatura; e, com certeza, mais quentinho e barato do que ir ao estádio na Inglaterra e onde não se poderia, de qualquer forma, beber com tanta liberdade – Thatcher interferiu nisso também).

Certamente ainda existem jogos de *pub*, mas eles tomaram um rumo diferente. Nos Estados Unidos, por exemplo, existe o *beer pong*: um tipo de pingue-pongue com duas equipes que jogam as bolinhas nos copos uns dos outros, e a pessoa que recebe a bola em seu copo fica obrigada a esvaziá-lo. A diferença entre os jogos de *pub* e os antigos jogos como o de argola é bem grande. Antigamente, o jogo consistia em um passatempo enquanto se consumia a cerveja. Nos jogos modernos, beber é uma parte integrante do jogo. Não há equivalente para essas práticas no mundo do vinho, uma atividade muito mais cerebral, provavelmente. De minha parte, eu defendo a ideia de que o hábito da cerveja também deveria ser cerebral, sem os estúpidos jogos com bebidas, mas não tão sério a ponto de tirar da cerveja seu *status* de verdadeira bebida da união social.

Independentemente de como a pessoa se sinta em relação ao *pub* moderno, ele continua sendo, em essência, um lugar para se tomar cerveja com outras pessoas. Não existe um espírito inerentemente comunitário em uma taça de vinho como existe em uma caneca de cerveja. A cerveja é real; simplesmente *é*. Não é necessário pensar ou debater, não é necessário estudar, romancear ou fazer proselitismo. A cerveja fala por si própria. O vinho parece precisar de outros que falem por ele – e muito do que se fala é conversa fiada e pretensiosa.

CAPÍTULO 4

COMO SE FAZ
O VINHO

Uvas

A uva é uma fruta muito doce e cada bago contém até 28% de açúcar. Some-se a isso o fato de que pode haver uma população superficial muito saudável de leveduras, extremamente dispostas a converter esse açúcar em álcool se conseguirem chegar até lá; temos então as condições ideais do conceito maravilhoso, apesar de simples, conhecido como vinho.

A videira pertence à família *Vitaceae*. O membro mais importante do clã é a vinha europeia, *Vitis vinifera*, cultivada há mais (alguns diriam muito mais) de cinco mil anos e cujas origens podem ser identificadas com a região do mar Cáspio. Há milhares de variedades cultivadas (cultivares) de *Vitis vinifera*, embora pouquíssimas (talvez cinquenta ou menos) dessas tenham uma verdadeira importância comercial. Alguns exemplos e suas características estão listados no quadro 1.

Outras espécies de *Vitis* têm alguma importância. A *V. lubruscana* é uma uva nativa dos Estados Unidos (no início crescia em estado selvagem nos estados do Meio Atlântico). Frequentemente é chamada de *fox grape* (uva da raposa) em virtude de produzir o metilantranilato, que tem um caráter

QUADRO 1. CARACTERÍSTICAS DE ALGUMAS DAS MAIS CONHECIDAS VARIEDADES DE UVA

Variedades	Varietal	Características da uva*
Uvas brancas	Chardonnay	Maçã, pera, pêssego, damasco, limão-siciliano, limão verde, laranja, tangerina, abacaxi, banana, manga, goiaba, kiwi, acácia, espinheiro.
	Gewürztraminer	Pétala de rosa, gardênia, madressilva, lichia, linalol, pêssego, manga, especiarias, perfume.
	Moscatel	Terpeno, coentro, pêssego, laranja.
	Pinot Blanc	Amêndoa, maçã.
	Riesling	Aspérula, pétala de rosa, violeta, maçã, pera, pêssego, damasco.
	Sauvignon Blanc	Capim, ervas daninhas, capim-limão, groselha, pimentão, azeitona verde, aspargo, pimenta-da-guiné, grapefruit, limão verde, melão, mineral, "xixi de gato".
Uvas tintas	Cabernet Sauvignon	Groselha preta, amora, cereja preta, pimentão, aspargo (metoxipirazina), azeitona verde, gengibre, pimenta-verde, pimentão-doce.
	Merlot	Groselha, cereja-preta, amora, ameixa, violeta, rosa, caramelo, cravo, folha de louro, pimenta-verde, pimentão, azeitona verde.
	Pinot Noir	Cereja, morango, framboesa, tomate maduro, violeta, pétala de rosa, alecrim, canela, alcaravia, hortelã-pimenta, ruibarbo, beterraba, orégano, tomate verde, chá verde, azeitona preta.
	Syrah (ou Shiraz)	Groselha preta, amora, capim, pimenta-preta, alcaçuz, cravo, tomilho, folha de louro, sândalo, cedro.
	Zinfandel	*Jammy* (framboesa, amora, *boysenberry*, mirtilo-vermelho, cereja preta), urze-branca, alcaçuz, urtiga, canela, pimenta-preta.

* Observe que todas essas características não precisam necessariamente estar no vinho, cujo caráter também derivará do processamento, o que inclui a maturação em recipientes de madeira.

Fonte: http://www.winepros.org./wine101/grape.profiles/varietals.htm.

foxado. As uvas muscadíneas são as *V. rotundifolia*, com suas notas de uvas-passas.

As variedades americanas são muito mais robustas que suas parentes europeias, por isso há muito tempo há interesse em cruzar as espécies. A tendência é enxertar brotos da *V. vinifera* nos rizomas de outras espécies *Vitis*. O broto e o rizoma devem ser compatíveis entre si, além de se compatibilizarem com o clima e solo locais.

A maioria das vinícolas cultiva suas próprias uvas; no entanto, elas também podem comprá-las de vinícolas próximas, permitindo certo grau de flexibilidade financeira e a possibilidade de tirar vantagens de períodos de crescimento econômico, por exemplo, em supersafras. Muitos critérios são usados quando um produtor de vinhos escolhe a espécie a ser cultivada, incluindo rendimento, sabor, tempo de amadurecimento, resistência a pragas e melhor adequação ao clima e tipo de solo locais. Todos os impactos ambientais que atuam nos vinhedos estão resumidos hoje na palavra *terroir*.

A variedade cultivada deve forçosamente se adequar a um clima destinado a esse fim, que não pode ser muito equatorial por causa da excessiva umidade, o que acarreta risco de pragas. Além disso, nas regiões equatoriais, não existe o período de hibernação necessário para garantir que as uvas se desenvolvam da melhor forma no tempo esperado. A região também não deve ser muito próxima dos polos, onde os invernos são excessivamente frios e a estação de crescimento é muito curta para permitir a formação de açúcar. Na prática, as melhores uvas para a fabricação de vinho são cultivadas entre as latitudes 50° e 35°, dos dois lados do equador.

[VINHOS *VERSUS* CERVEJAS]

As uvas não se desenvolvem bem em locais excessivamente quentes, frios ou onde há ocorrência de ventos. Isso significa que os mais privilegiados vinhedos são aqueles que se localizam em encostas suaves e em vales protegidos de qualquer coisa que não seja a mais branda brisa. Tendo isso em mente, fica fácil deduzir que as uvas que dão os vinhos mais interessantes são oriundas de vinhedos nas margens mais frescas das faixas climáticas.

Ao que parece, o solo é menos importante que o clima no cultivo das uvas viníferas. Na realidade, solos menos férteis e mais pedregosos podem, em alguns casos, ser preferíveis. É importante que o solo não seja nem ácido nem alcalino demais. Se for necessário acrescentar fertilizantes para aumentar o nível de nitrogênio do solo, eles não podem ser usados em excesso; caso contrário, haverá um desperdício de crescimento de plantas sem o correspondente rendimento de frutos. Também há grande risco de apodrecimento e do desenvolvimento da substância tóxica etilcarbamato no vinho que será produzido.

As raízes das videiras são extensas e toleram a seca – o que é bom, pois o excesso de umidade traz a ameaça de pragas. O ideal são os verões quentes e secos, sem geadas, e um sistema eficiente de irrigação. O solo deve ter um bom sistema de drenagem. Algumas regiões têm doenças endêmicas, como o mal de Pierce e a filoxera (inseto que ataca a raiz). O mal de Pierce é causado pela bactéria *Xylella fastidiosa*, cujo vetor é um inseto conhecido como *Homalodisca coagulata*. O problema se restringe a regiões com invernos moderados. As bactérias se multiplicam e bloqueiam o sistema condutor de água nas vinhas, causando, assim, a desidratação e tornando os cachos murchos.

O excesso de chuvas de verão, ou de irrigação, aumenta o risco de infecção por fungos dos tipos míldio e oídio. Além disso, quando os bagos absorvem água em excesso, eles incham e explodem, permitindo a formação de bolor. Algumas formas de tratamentos pesticidas são muitas vezes necessárias em regiões especialmente suscetíveis a doenças e infestações.

As videiras despertam de seu estado de dormência na primavera, quando a temperatura média diária atinge níveis acima de 10 °C. À medida que a vinha cresce, os bagos aumentam de tamanho, ficando até cinco vezes maiores, transformando-se de grãozinhos parecidos com ervilhas, verdes, sem açúcar e com altos níveis de ácido, nos bagos doces de que o produtor de vinho precisa. Esses açúcares são compostos de uma porção igual de glicose e frutose, que surgem da hidrólise da sacarose. Além desses açúcares, os componentes de sabor característicos das várias espécies cultivadas também se desenvolvem durante o crescimento, o mesmo acontece com as antocianinas, que dão cor às variedades tintas.

A proporção em que a videira cresce e na qual as uvas se desenvolvem depende muito do clima local. Um exemplo é o Central Valley, na Califórnia: lá as vinhas começam a brotar no início de abril e as uvas estão prontas para a vindima, que em inglês é chamada de *crush*, em meados de setembro. Em regiões menos quentes, é aconselhável plantar variedades que amadureçam cedo.

Uma uva cultivada em uma estação curta conterá menos açúcar e, portanto, tenderá a produzir vinhos com menor teor alcoólico e mais acidez, ao passo que climas quentes que permitem o cultivo sustentado produzem uvas com elevado teor de açúcar, que são as melhores para a produção de vinhos de sobremesa.

Assim, os vinhos de regiões geograficamente remotas, mas com as mesmas condições climáticas, apresentam semelhanças evidentes. Essas similitudes podem ser disfarçadas com o uso, pelo produtor, de técnicas como a adição de açúcar (chaptalização) e a redução de ácido (fermentação malolática, ver adiante). Empregando essas práticas, o produtor de vinho pode superar diferenças sazonais. Na mesma proporção em que há produtores preparados para fazer isso, há aqueles que se deliciam com os caprichos da natureza. Temos, então, o conceito de safra.

A poda das videiras é uma tarefa que exige técnicas especiais. Se o podador tiver mão "pesada", um número excessivo de brotos (e, consequentemente, de bagos) será sacrificado. Se o podador exagerar no cuidado e remover um número muito pequeno de brotos, a qualidade da uva ficará prejudicada. Em geral há entre 500 e 600 videiras por acre. As videiras são apoiadas em estacas na primeira fase de crescimento. A poda das videiras ocorre nos meses do inverno, quando elas estão em estado de dormência com os caules endurecidos.

Micro-organismos

O fungo do açúcar *Saccharomyces cerevisiae* cresce naturalmente na uva, o que significa que não há, rigorosamente falando, nenhuma necessidade de provocar a fermentação de um vinho com levedura. Atualmente, a maioria dos fabricantes de vinho acrescenta levedura, a fim de atingir maior consistência e previsibilidade para seu vinho. Muitos produtores são da opinião de que a levedura faz relativamente pouca diferença no sabor do vinho, sendo relevante para a quantidade de álcool que vai gerar, a velocidade e a facilidade com que ela pode ser retirada do líquido antes do engarrafamento.

Outras espécies de *Saccharomyces* podem ter seu papel na fermentação de alguns vinhos, principalmente o *S. bayanus*. Além disso, variedades de gêneros, como *Pichia*, *Torulaspora* e *Kloeckera*, são relevantes para alguns vinhos, porém muito mais sensíveis que o *Saccharomyces* ao dióxido de enxofre e não aguentam concentrações de álcool acima de 4% a 6%. Elas só têm efeito antes que o teor alcoólico seja elevado acima desse nível pelo *Saccharomyces* e antes que qualquer sulfitagem seja feita.

A levedura *S. bayanus*, conhecida como "levedura de véu" ou "levedura da flor", é utilizada na produção de algumas variedades de Xerez. Produz quantidades de acetaldeído (que gera aromas associados à maçã verde), formando-se na superfície de um lote de fermentação e consumindo oxigênio.

Depois do açúcar (que produz carbono e energia), o segundo ingrediente quantitativamente mais importante exigido pela levedura é uma fonte de nitrogênio. Embora a uva contenha aminoácidos que podem ser utilizados pela levedura, os níveis às vezes podem ser insuficientes e o produtor de vinho pode adicionar fosfato de diamônio para garantir que a levedura não fique sem alimentação.

O sumo de uva é relativamente ácido, com pH de 3 a 4 (o nível neutro é 7, em uma escala de 1 a 14). Nesse nível de pH, muitos outros organismos não encontram condições propícias e isso ajuda a seleção do *Sacccharomyces*, que tem um melhor desempenho. O crescimento de bolor é bloqueado pelo dióxido de carbono, gerado na fermentação, e o álcool também elimina os micróbios. Da mesma forma que acontece com a cerveja, organismos patogênicos e produtores de toxinas não se formam no vinho.

As bactérias do ácido lático são importantes na produção de vários vinhos. Elas realizam a fermentação malolática, na qual o ácido málico, que é muito acidífero, transforma-se em ácido lático, que é bem menos acidífero. Como existe uma ligação direta entre a acidez e o azedume, isso significa que vinhos submetidos a essa etapa são menos adstringentes. Esse é um importante estágio procedimental para vinhos derivados de uvas cultivadas em ambientes relativamente frios, mas não é indicado para uvas cultivadas em regiões mais quentes, pois diminui a pungência, considerada importante para o equilíbrio do paladar. A fermentação malolática pode ser utilizada para os tintos encorpados de primeira linha, mas nem tanto para brancos mais frutados.

Outro organismo com forte impacto no vinho é o fungo *Botrytis cinerea* ("mofo cinzento"), que ataca as uvas ainda não maduras onde as chuvas de verão são abundantes e há excesso de umidade. Esse mofo causa uma rachadura na casca, permitindo que outros micróbios afetem negativamente o rendimento da fruta e a sua qualidade. Por outro lado, quando há crescimento limitado do mofo antes de um retorno a uma condição menos úmida, há perda de umidade por meio da casca perfurada, emurchecimento da uva e o consequente fortalecimento de açúcares e sabores. O mofo também remove um pouco da acidez e proporciona seus próprios e interessantes sabores. Nessa situação, os produtores de vinho falam de uma "podridão nobre" e se deliciam na conversão dessas uvas em vinhos muito doces e ricos, que incluem os Sauternes franceses e os Tokay húngaros.

Alguns principais componentes do mosto e do vinho

A concentração de açúcar de um mosto é quantificada em termos de gravidade específica e indicada em graus Balling ou graus Brix. Além de ser utilizados para monitorar a fermentação (quando açúcares são transformados em álcool, que tem gravidade específica menor que um, os valores em graus Balling ou Brix diminuem), esses valores são usados para identificar a melhor época da vindima. Multiplicando-se o valor de Brix por 0,55 é possível calcular aproximadamente o teor de álcool que será obtido em determinado vinho.

O dióxido de enxofre (SO_2) é um componente fundamental da maioria dos vinhos e está, em geral, presente em níveis entre 15 mg/l e 25 mg/l. Ele desempenha três funções principais: inibe micro-organismos indesejáveis, evita o escurecimento dos vinhos brancos e protege o vinho contra a deterioração oxidativa. A oxidação também pode ser controlada pela adição de outros componentes. Embora tenha sido proibido em alguns países, como os Estados Unidos, por exemplo, o ferrocianeto de potássio é empregado para retirar o excesso de ferro (material que promove o processo de oxidação) de alguns vinhos. É irônico que esse tratamento para o vinho seja tolerado

[VINHOS *VERSUS* CERVEJAS]

na Alemanha, país que tem atitudes restritivas, quase puritanas, no que se refere à cerveja (nos termos da Reinheitsgebot, a Lei da Pureza da Cerveja).

A VINDIMA

Como alguém há muito tempo envolvido na indústria da cerveja, onde se produz 24 horas por dia, sete dias por semana, sempre me surpreende o fato de uma produtora de vinhos trabalhar a todo o vapor durante, digamos, três meses ao ano, no máximo. Sempre fico curioso para saber o que esses caras ficam fazendo o restante do ano (embora existam boatos de que eles bebam uma quantidade significativa de cerveja). A resposta, obviamente, é que há muito menos gente trabalhando durante o resto do ano, e a vindima emprega uma numerosa força de trabalho temporária. A colheita das uvas em geral ocorre nos meses de agosto, setembro e outubro, no hemisfério norte. O momento da vindima ajuda a determinar o equilíbrio doce/ácido da uva. Uvas cultivadas em climas quentes tendem a perder sua acidez mais rápido do que aquelas cultivadas em lugares mais frios, em virtude da remoção do ácido málico à medida que elas amadurecem.

As uvas maduras são esmagadas imediatamente depois de colhidas. Entretanto, quando as uvas brancas são colhidas em condições de muito calor, é melhor resfriá-las para menos de 20 °C antes da prensagem. Muitos produtores realizam a colheita à noite, o que não é possível quando se usa mão de obra humana, mas com máquinas munidas de faróis. Esse problema não existe para as uvas de vinhos tintos, que são fermentadas a temperaturas mais altas.

As uvas destinadas à produção do vinho branco são apanhadas quando seu teor de açúcar está entre 23 °Brix e 26 °Brix. Já as uvas do vinho tinto são colhidas mais tarde.

O preço da uva se baseia na graduação Brix. O produtor de vinho também insiste em outras especificações, entre elas a quantidade de material diferente da uva que pode ser tolerado e a exigência de que os bagos estejam livres de mofo.

O processamento da uva

Uma tonelada métrica de uva rende entre 530 litros e 600 litros de vinho. Os estágios básicos envolvidos na transformação de uva em vinho são relativamente poucos: as uvas são prensadas para gerar o mosto, que é fermentado; em seguida, há alguns tratamentos finais, destinados à purificação, e, por fim, o envasamento. Como veremos no próximo capítulo, a produção da cerveja é muito mais complicada.

Atualmente, todos os recipientes usados no processo da fabricação de vinho tendem a ser de aço inoxidável e encamisados, para permitir a regulagem da temperatura. Além disso, atribui-se cada vez mais importância à manutenção da higiene, de modo que os tanques modernos são munidos dos chamados dispositivos internos de limpeza (o sistema *clean-in-place*, ou CIP). Entre um e outro lote de fermentação, os tanques e tubos podem ser limpos sucessivamente com água, soda cáustica, agentes sequestrantes (que removem sais acumulados) e um agente esterilizante, tal como a água sanitária diluída que se usa em casa. Os CIPs são usados muito mais extensivamente na fabricação de cerveja.

[VINHOS *VERSUS* CERVEJAS]

As uvas são movimentadas por transportadores helicoidais de um tanque recebedor para a desengaçadeira-esmagadeira. O mosto passa daí para um escoador, um tanque ou (no caso das uvas de vinho tinto, em que as cascas não são removidas antes da adição da levedura) diretamente para o recipiente de fermentação.

O eixo da inflorescência (raque) é, em geral, removido das uvas esmagadas para evitar sabores desagradáveis. Entretanto, a uva Pinot Noir é em alguns casos fermentada na presença das raques para que adquira seu aroma caracteristicamente apimentado.

Nas desengaçadeiras-esmagadeiras, as uvas são esmagadas por lâminas giratórias ou por rolos. Nos dois casos, as uvas esmagadas passam para um barril perfurado, que separa as uvas das raques.

Uvas moles e murchas são mais difíceis de romper. A intensidade do rompimento precisa ser cuidadosamente controlada. O dano não deve ser excessivo, caso contrário materiais indesejáveis serão extraídos das células, da casca e das sementes da uva.

No caso do vinho tinto, não é necessário separar imediatamente o sumo das cascas, mas, no caso dos vinhos brancos ou blush, sim. Os materiais que conferem cor ao vinho se localizam na casca – são moléculas chamadas polifenóis; na realidade, um tipo particular chamado antocianina. Os vinhos blush são mais claros que os rosés. Para os do tipo rosé, uma noite de contato entre o sumo e a casca com fermentação limitada permite o nível adequado de extração dos componentes da cor. Depois que o sumo dos vinhos blush ou rosé foi separado das cascas, ele deve ser protegido da oxidação pelo acréscimo de SO_2.

O SO_2 pode já ter sido acrescentado no estágio de esmagamento. A quantidade acrescentada à esmagadeira é influenciada por vários fatores; se existe risco de formação de mofo nos recipientes ou se há uma tendência à entrada de ar, então a adição de SO_2 será maior. Se as uvas não estão infectadas e a oportunidade de entrada de ar é pequena, então o dióxido de enxofre pode até ser evitado, mas, nesse caso, o sumo deve ser mantido refrigerado (< 12 °C).

A rápida separação entre sumo e cascas no caso dos vinhos brancos também diminui a oportunidade do acúmulo de taninos adstringentes no vinho. Entretanto, isso também significa que alguns atributos desejáveis podem não ser totalmente obtidos, por exemplo, os sabores que conferem o caráter de uvas-passas, tão característicos dos vinhos Moscatel. Com certeza, é preciso atingir um hábil equilíbrio em relação à disponibilidade de oxigênio, utilização de SO_2, tempo de contato e temperatura.

A termovinificação pode ser usada, no caso de vinhos mais baratos, para aumentar a recuperação da cor. Isso envolve o rápido aquecimento e resfriamento das uvas esmagadas. O aquecimento mata as células, que, então, liberam pigmentos. Entretanto, sabores potencialmente indesejáveis também são liberados.

Uma vez que a estrutura da uva foi rompida, existe no início um grande volume de líquido liberado, que pode ser drenado, conhecido como "vinho de gota". Com o uso da prensa, mais sumo é extraído e o processo é denominado "vinho de prensa". O resíduo é conhecido como bagaço.

Existem vários tipos de prensas com diferentes graus de intensidade. As prensas de membrana são muito suaves e deixam poucos sedimentos. As prensas pneumáticas são muitas vezes utilizadas para um processamento rápido, mas o sumo tende a conter um nível mais alto de partículas sólidas.

Para acelerar a sedimentação do sumo a fim de obter um produto mais cristalino, muitas vezes são adicionadas enzimas pécticas durante o esmagamento. A pectina se origina das paredes celulares da uva, trata-se de uma molécula muito viscosa e grudenta (os fabricantes de geleia conhecem muito bem seus méritos na solidificação de conservas, mas o fabricante de vinho deseja maior fluidez e não uma massa sólida). A adição de pectinase tem o poder de romper a pectina, tornando o esmagamento mais fácil, fazendo o sumo fluir mais livremente e aumentando o rendimento.

Fermentação

Como as uvas tintas são fermentadas com suas cascas e as perdas durante o esmagamento são muito menos significativas, o rendimento é cerca de 20% maior do que o das uvas brancas. Os recipientes fermentadores modernos tendem a ser construídos com aço inoxidável lavável. Entretanto, recipientes de madeira permitiriam algum acesso do oxigênio e, com isso, algumas das mudanças desejáveis no sabor.

Depois que o sumo é separado das cascas (se for, de fato, separado), ele é mantido de um dia para o outro em um recipiente fechado. Depois, ele é centrifugado a fim de eliminar os sedimentos, para, então, haver a adição da levedura. Em geral, os produtores de vinho parecem ser menos exigentes com sua levedura do que os produtores de cerveja. Cada vez mais, os produtores de vinho tendem a empregar a levedura desidratada, amplamente disponível, e não "criar" seu próprio fermento e dele cuidar, como fazem várias cervejarias. A levedura precisa de um pouco de oxigênio para construir suas estruturas celulares e a aeração necessária ocorre *após* a introdução da levedura, para evitar o desenvolvimento da cor devido à ação de enzimas que ligam o oxigênio aos componentes tânicos do mosto.

Vinhos brancos, rosé e blush são fermentados entre 10 °C e 15 °C, e os tintos, entre 20 °C e 30 °C. Sem dúvida, a levedura age mais rápido a temperaturas mais altas e, nessas condições, tende a gerar proporções bem maiores de agentes de sabor, como ésteres frutados. O aroma do vinho branco depende muito da extensão em que esses ésteres são produzidos durante a fermentação.

À medida que se aumenta a concentração de álcool, há interferência na ação da levedura, especialmente a temperaturas mais altas. Assim, a fermentação torna-se progressivamente mais lenta. Muitas características indesejáveis, como o sulfeto de hidrogênio, que tem cheiro de ovos podres, poderão surgir se as fermentações forem morosas desde o princípio. O caráter derivado de diferentes variedades de uvas será mais bem preservado se a temperatura durante a fermentação for mais baixa.

[VINHOS *VERSUS* CERVEJAS]

A extração da cor e do sabor das uvas tintas é maximizada pela mistura do conteúdo do fermentador por meio de bombeamento ou agitação. Duas vezes por dia, cerca de metade do conteúdo do recipiente deve ser bombeado. A extração de cor e sabor é maior a temperaturas mais altas e à medida que cresce a concentração de etanol por meio da fermentação.

Em situações nas quais as uvas não amadurecem bem devido a uma estação de crescimento curta e fria, o vinicultor pode adicionar açúcar (sacarose), em um nível máximo de 23,5 °Brix. Entretanto, é ilegal fazer isso em alguns lugares, como na Califórnia. Climas mais frios proporcionam um teor ácido desfavorável nas uvas. O ácido málico, mais azedo, é predominante nas uvas de ambientes frios, ao passo que o ácido tartárico, mais doce, predomina em locais mais quentes.

Durante a fermentação, o pH deve ser mantido abaixo de 3,8, o que permite que os vinhos fermentem de forma mais homogênea, impede a fermentação malolática e possibilita o desenvolvimento de melhores propriedades sensoriais. O SO_2 também é mais eficaz em pHs mais baixos. Esse controle é especialmente importante para os vinhos brancos, nos quais o pH pode ser reduzido para 3,25 a 3,35 pela adição de ácido tartárico.

A fermentação deve estar completa em um período de vinte a trinta dias. Em geral, o vinho é separado da levedura ("borra") no final da fermentação. Alguns produtores de vinho deixam a bebida em contato com a levedura por vários meses. Eventualmente, ela é agitada, para promover a liberação de materiais da levedura que favorecem o sabor.

Em diferentes regiões do mundo, é possível encontrar práticas enológicas singulares. Um exemplo é a produção dos vinhos Beaujolais, técnica conhecida como *maceration carbonique*. A técnica proporciona vinhos com características singularmente esterificadas (pera, banana). Cachos inteiros de uvas são armazenados em uma atmosfera de CO_2, o que permite a conversão limitada de açúcar em etanol e a produção de várias substâncias de expressivo sabor. Os bagos são mantidos a temperaturas bastante altas, entre 30 °C e 32 °C. O peso das uvas e a ação do etanol e do dióxido de carbono que ali se desenvolvem causam o rompimento das células no interior das uvas e a liberação de seus componentes açucarados, saborosos e coloridos. Depois de uma semana ou dez dias, as uvas são esmagadas e o sumo obtido é combinado com o vinho de gota, previamente recolhido. Depois, permite-se a fermentação total à temperatura de 18 °C a 20 °C antes da adição de SO_2 e da clarificação do vinho.

Envelhecimento

Em geral, considera-se que os vinhos – mais os tintos que os brancos – beneficiam-se com o envelhecimento, seja em tanques, barris, seja em garrafas. Alguns Chardonnay são envelhecidos em barris de carvalho, que lhes emprestam alguns sabores. Os brancos Borgonha e Loire são deixados *sur lies* (sobre a borra) por até dois anos.

Os vinhos tintos são envelhecidos após a fermentação malolática. Os vinhos Bordeaux são mantidos dois anos em barris. Em contrapartida, o envelhecimento do Zinfandel não deve ser prolongado, para que o vinho não perca sua característica de framboesa.

Clarificação

Os vinhos brancos são clarificados por centrifugação ou por resfriamento e tratados com bentonita (um tipo de argila) ou com sílica-gel, derivados da areia. Esses dois tipos de agentes absorvem proteínas que poderiam precipitar-se no vinho engarrafado e estragar sua aparência. O tratamento por resfriamento também remove tartaratos que poderiam ficar depositados no vinho. Alguns produtores acrescentam a caseína (proteína do leite) ou um agente chamado polivinilpolipirrolidona (PVPP) para a absorção de polifenóis (também envolvidos na turvação do vinho) que aderem a essas proteínas em reações idênticas às observadas na curtição do couro. Os vinhos tintos são em geral afinados para a redução de sua adstringência: proteínas como a gelatina, a clara de ovo, o *isinglass* aderem aos componentes tânicos, que são os maiores responsáveis pela adstringência do vinho.

A filtração do vinho é relativamente incomum e aplicada apenas quando realmente necessária, como no caso de separar o vinho da borra após processos de estabilização a frio ou imediatamente antes do engarrafamento. Alguns produtores filtram seu vinho através de membranas para remover traços de infecção por micróbios.

Assim como a cerveja, o vinho é suscetível à ameaça do oxigênio. Os produtores de vinho se preocupam, particularmente, com o desenvolvimento da cor (*pinking*, ou surgimento da cor rosada) e podem acrescentar o ácido ascórbico para que ele ajude o SO_2 a combater esse processo. A oxidação é promovida por traços de íons metálicos como o ferro, que podem ser removidos pela adição de caseína ou citrato ao vinho. Outro elemento adicionado por alguns produtores é o cobre, para remover traços de sulfeto de hidrogênio que conferem ao vinho um odor de ovos podres.

Champagne e espumante

Os melhores Champagne são produzidos do sumo das uvas Pinot Noir e Chardonnay. Deve-se escrupulosamente evitar o desenvolvimento da cor rosada, portanto, a produção do Champagne envolve o uso extensivo de SO_2, bentonita e PVPP.

O dióxido de carbono forma-se na garrafa pela ação de cepas de *S. bayanus*, que são flocosas e toleram altas concentrações de álcool. Colocam-se a levedura, o vinho base e o açúcar invertido (sacarose – o tipo de açúcar que adicionamos ao café, mas que, neste caso, é decomposto em suas partes constituintes, glicose e frutose) em garrafas resistentes à pressão que, em seguida, são fechadas com uma tampinha de metal, semelhante às usadas no engarrafamento da cerveja. Deixa-se um pequeno espaço livre entre o líquido e a tampa no processo de enchimento da garrafa antes que esta seja deitada e mantida a 12 °C. O vinho fica completamente fermentado depois de várias semanas, mas pode ser deixado por mais um ano para atingir melhor qualidade. A seguir, vem a *remuage*, estágio de eliminação de resíduos em que a levedura é levada para o pescoço da garrafa. A levedura é liberada batendo-se no fundo das

[VINHOS *VERSUS* CERVEJAS]

garrafas com um martelo de borracha ou pela utilização de um aparelho de agitação. Elas, então, são colocadas em um *rack* de modo que repousem em um ângulo de 45°. Todos os dias é feito um movimento de rotação em um quarto nas garrafas até que o sedimento da levedura tenha chegado todo à tampa. Em seguida, as garrafas são resfriadas a 0 °C e submetidas a um banho de salmoura fria o suficiente para provocar o congelamento do vinho na boca da garrafa. Remove-se a pequena tampa, e a porção de vinho que se transformou em gelo é empurrada para fora, levando consigo a levedura e os resíduos. Por fim, a garrafa é virada imediatamente para cima, completada com mais vinho contendo açúcar e SO_2 e arrolhada.

No caso dos espumantes, o vinho muito frio que passa pela *remuage* é completamente removido das garrafas, colocado em um reservatório e estabilizado sob pressão. Depois, é filtrado e recolocado nas garrafas para o arrolhamento. Alguns vinhos recebem injeção de gás carbônico antes de ser engarrafados, exatamente como acontece com muitos tipos de cerveja.

Qualquer oxigênio residual pode ser removido aspergindo-se no vinho gás nitrogênio; depois disso a entrada de ar deve ser cuidadosamente evitada. Alguns produtores acrescentam ácido sórbico a vinhos doces para evitar o risco de bactérias estragarem a bebida.

CAPÍTULO 5

COMO SE FAZ
A CERVEJA

[COMO SE FAZ A CERVEJA]

A fabricação da cerveja é substancialmente mais complicada que a do vinho. O cientista cervejeiro que existe em mim insiste que pisotear umas uvas e depois deixá-las por conta própria para que a levedura natural aja e transforme os açúcares da uva em vinho não é tarefa muito difícil. Uns poucos procedimentos de purificação aqui e ali e, *voilà*, vinho. Claro, estou sendo completamente cínico. Mantenho minha admiração pela habilidade do produtor de vinho, que escolhe a uva certa do local correto e a transforma em uma bebida deliciosa.

Mesmo assim, ainda insisto que a complexidade e a habilidade dos numerosos profissionais que cultivam cevada e lúpulo e depois os transformam em cerveja são maiores. A jornada que a cevada percorre até uma garrafa de cerveja é muito mais exigente que o processo de fabricação do vinho. Existe um número muito maior de etapas. E a maioria dos produtores de cerveja insiste para que o produto obedeça a especificações rigorosas, tanto em termos de perfil de sabor quanto de níveis de suas várias mensurações analíticas. Algumas das moléculas que contribuem para o sabor de uma cerveja são especificadas em nível de partes por bilhão. A cevada e o lúpulo não estão menos sujeitos que a uva a variações sazonais. Mas os produ-

[VINHOS *VERSUS* CERVEJAS]

tores de cerveja superam essas flutuações de forma a fabricar uma bebida consistente, ao passo que o vinicultor as tolera, junto com as variações que as acompanham (e também, às vezes, a imprevisibilidade) no produto final.

A situação é análoga à operação de um Boeing 777. Existem todos os controles e salvaguardas que se podem imaginar, mas a habilidade entra quando se trata de navegar nas condições do momento. Os cervejeiros buscam o ar calmo e evitam a turbulência. Os produtores de vinho se atiram direto no centro da nuvem – e cobram do cliente uma taxa a mais pelo que pode às vezes ser uma viagem indiscutivelmente turbulenta.

O álcool do vinho deriva dos açúcares da fruta. No caso da cerveja, os açúcares são derivados do grão. O principal cereal para fabricar cerveja em todo o mundo é a cevada, e assim tem sido desde tempos imemoriais, como vimos no capítulo 3. Isso se deve, em parte, ao fato de a casca que fica retida após a brassagem funcionar como um filtro que separa o extrato líquido do resíduo sólido. Entretanto, o malte de cevada em si (como veremos) confere à cerveja características muito diferentes das conferidas por outros cereais. Assim, outras cervejas têm seus estilos e características próprios, porque são feitas de outros cereais. Existem no mundo algumas ótimas cervejas de trigo, produtos que, em relação às cervejas de cevada, tendem a ser mais turvos, mais frutados, mais picantes e mais gasosos. Na África, especialmente, existem cervejas feitas de sorgo e que são muito diferentes, que não agradam à maioria dos ocidentais. Aveia, centeio, milho, arroz, painço – a lista continua – são cereais[1] utilizados na produção de cervejas.

---

[1] Na maioria dos casos, os outros cereais são utilizados em conjunto com a cevada. (N. R. T.)

Todos esses cereais são repletos de amido, a reserva alimentar de que se vale a planta embrionária que reside dentro de cada grão. O produtor de cerveja usa esse amido para que ele forneça os açúcares que serão oferecidos às leveduras, as quais vão convertê-los em álcool. Mas, diferentemente do que acontece com as uvas, esses açúcares não estão facilmente disponíveis. A uva é basicamente um saco de açúcar, pronto para a ação. É só romper a casca e pronto, a levedura tem do que se alimentar. O amido, em contrapartida, é um desafio grande demais para a levedura: podemos dizer que é muita areia para o caminhãozinho dela. Para ser preciso, a levedura não consegue digeri-lo. Dessa forma, o amido, que é uma forma polimerizada de glicose, deve ser decomposto em suas partes constituintes (ou ainda, em sua maior parte, em pares acoplados de glicoses, que se chamam maltoses) antes de assumir uma forma que atraia o *Saccharomyces*. O caminho do amido contido no grão sólido até a maltose, em uma forma líquida pronta para ser apreciada pela levedura, é longo e tortuoso; leva semanas, não as poucas horas que a levedura do vinho demora para devorar uma refeição de açúcares da uva. Aqui vamos fazer essa viagem somente com a cevada.

Cevada

Assim como há muitos cultivares de uva, existem também diversas variedades de cevada, sejam elas de seis fileiras (*Hordeum vulgare*) ou de duas fileiras (*H. distichon*), dependendo de quantas fileiras de grãos existam em uma espiga. Apenas algumas dessas variedades são adequadas para a fabricação de

[VINHOS *VERSUS* CERVEJAS]

cerveja. Na verdade, a maior parte da produção de cevada em todo o mundo (mais de 50 milhões de hectares) é cultivada para a alimentação, seja para a ração de animais, seja para a composição de alimentos para humanos. Todo cozinheiro conhece as qualidades da cevadinha. A outra parte é de cevada para maltar – assim chamada porque, por meio de uma germinação controlada, ela pode ser convertida em malte, base das cervejas e também de outros alimentos (de papinhas infantis até cereais matinais, de uísque até sopas). Apenas as variedades cervejeiras germinam com facilidade e de forma que, quando o malte é preparado na fábrica, ele prontamente produz grandes quantidades de açúcares.

A cevada pode ser dividida nas variedades de inverno e de primavera. As resistentes variedades de inverno são semeadas no final do outono e permanecem em estado de dormência durante os meses do inverno. As variedades de primavera são semeadas em março ou abril nos países do hemisfério norte. Como resultado, o cultivar de inverno tende a produzir mais e, assim, pode ser colhido um pouco antes do outono seguinte. Alguns produtores insistem que a cerveja feita com essas cevadas é inferior – crença bastante dogmática e que não tem fundamento, mas não menos teimosa do que as que vemos expressas por alguns apreciadores de determinados cultivares de vinho.

A cevada é uma cultura importante em regiões temperadas e tropicais, mais resistente ao calor e à salinidade que outras culturas, como o trigo. Um total de quase 150 milhões de toneladas é produzido anualmente, em mais de cem países, e Rússia, Canadá, Alemanha e França lideram a lista. Nos cultivares de duas fileiras existe mais espaço para o desenvolvimento dos grãos individuais, que acumulam mais amido e, como mais amido significa potencialmente mais açúcar para o produtor, esses cultivares são preferidos.

Diferentemente das uvas (e do lúpulo, como veremos), a cevada é uma planta relativamente resistente. Mas isso não quer dizer que o cuidado no cultivo da melhor cevada cervejeira seja simples. Uma exigência é que seja limitada a quantidade de proteína cujo acúmulo no grão é permitido. Quanto mais proteína presente no grão, tanto menos espaço haverá para o amido. Assim, uma das exigências para o cultivo da cevada cervejeira é que o uso de fertilizantes nitrogenados seja rigorosamente limitado. Isso, por sua vez, significa que o rendimento das plantas é reduzido. O agricultor precisa ser persuadido a cultivar a cevada cervejeira e, como é inevitável quando a persuasão se faz necessária, o incentivo é o dinheiro. Nesse caso, a recompensa é o valor maior que a cevada cervejeira atinge em relação à cevada para alimentos. Ai do produtor, entretanto, se houver alguma deficiência na sua produção. Se ela for rejeitada por qualquer motivo, o agricultor só receberá o valor da cevada destinada a alimentos. Não causa surpresa o fato de que muitos agricultores prefiram evitar o risco e cultivem as cevadas para alimentação, que rendem mais e toleram os fertilizantes e até outros cereais.

Mas a cevada está longe de ficar imune a todo tipo de ameaças, sejam elas fúngicas, sejam animais. Doenças como míldio acontecem mais em regiões mais úmidas, assim como existe o risco de infecção por um micro-organismo chamado *Fusarium*, que pode inocular no grão uma pequena proteína que faz a cerveja espirrar espontaneamente da garrafa ou da lata. Esse é um problema terrível chamado *gushing* (ou "transbordamento"), que é muito inconveniente para o produtor e para o cliente.

O clima e o terreno têm enorme impacto nas características da cevada. O ideal é que ela cresça em uma estação fresca e úmida, que permita um desenvolvimento sustentado, e que o clima seja seco e quente na época em que o grão está amadurecendo e pronto para a colheita. Se essas condições não existirem, há riscos de um grão pouco preenchido (com baixo teor de amido), de altos níveis de outros carboidratos que causam problemas para o cervejeiro durante o processamento, e da introdução a um estado de dormência do grão. A dormência é uma condição natural que impede que a semente germine prematuramente na espiga da planta. Entretanto, se esse estado prevalecer no grão já colhido, representará um problema para o preparador do malte, porque significará que o grão precisará ser armazenado para que a condição de dormência seja naturalmente dissipada (o que de fato acontece) – mas isso toma tempo e o grão poderá não ser convertido em malte no momento em que o produtor gostaria.

Outro critério fundamental para a malteação da cevada é que ela esteja viva. O grão morto não pode ser maltado. Assim, o agricultor deve ter muito cuidado para não matar as espigas. Em regiões mais úmidas, pode ser necessário secar o grão para que ele possa ser armazenado sem correr risco de infecções. Essa secagem deve ser conduzida com perfeição, para impedir que os embriões sejam destruídos. Tudo isso somado, podemos perceber que o conceito de *terroir* se aplica à cevada tanto quanto à uva.

Malteação

Nenhum fabricante pode produzir uma excelente cerveja diretamente da cevada, pois o grão contém níveis muito baixos das enzimas necessárias para trazer o amido a um estado fermentável. Além disso, a cevada é de natureza muito adstringente e secativa. É só tentar mascar alguns grãos de cevada para descobrir que eles irritam a garganta, logo ressecam o palato e, ao se tentar mordê-los, corre-se o risco de quebrar os dentes, devido à sua dureza.

São esses os motivos pelos quais o grão é maltado. Em primeiro lugar, a cevada é imersa em água, processo que leva aproximadamente dois dias. Quando absorve água, o grão reage e fabrica as enzimas necessárias para decompor as reservas alimentares nele contidas. Algumas dessas enzimas amolecem a estrutura do grão, tornando-o mais fácil de moer. Também são produzidas enzimas que decompõem o amido; elas não têm muita oportunidade de agir no processo de elaboração do malte, mas vão assumir lugar de destaque mais tarde, na fabricação da cerveja. Enquanto o grão está sendo amolecido, acontece paralelamente a produção de nutrientes que vão alimentar a plantinha recém-nascida. Isso é evidenciado pelo aparecimento de radículas.

Depois de um período de germinação controlada, que pode levar até cerca de uma semana, o grão passa por um estágio de secagem que dura um ou dois dias. Isso interrompe a fermentação, pois, se ela não for interrompida, observa-se o crescimento excessivo de embriões e a diminuição do precioso amido. A secagem também elimina sabores desagradáveis do malte "verde" (notas que lembram broto de feijão e pepino, sabores interessan-

[VINHOS *VERSUS* CERVEJAS]

tes, mas não como componentes da cerveja) e ao mesmo tempo introduz os agradáveis sabores maltados. Provar bolinhas de chocolate ao leite maltado ou um copo de leite maltado na hora de dormir dá uma boa ideia do sabor do malte. O aquecimento proporciona também o desenvolvimento da cor no grão, quanto mais o malte é aquecido, tanto mais escura é sua cor, é por isso que as cervejas do tipo Ale tendem a ser mais escuras que as do tipo Lager: historicamente, o grão é aquecido a uma temperatura mais alta. Isso significa não só mais cor, mas também a produção de um espectro de sabor diferente. As cervejas do tipo Ale, em geral, têm sabor mais acentuado de malte, com características mais carameladas, ao passo que as do tipo Lager têm sabor mais leve e uma tonalidade mais clara. Para os dois tipos de malte, o aquecimento deve seguir exigências estritas, com a temperatura sendo elevada gradativamente; caso contrário, serão destruídas as enzimas que ainda não cumpriram completamente seu papel de degradar o amido.

No caso dos maltes classificados como especiais, o aquecimento é mais prolongado e intenso. O aquecimento progressivo confere um caráter caramelado mais intenso; quando a temperatura fica muito alta em unidades especiais chamadas tostadores, desenvolvem-se não só tonalidades muito escuras, mas também os sabores queimados e pungentes de cafés árabes do tipo moca e de chocolate que, bem equilibrados, conferem cor e sabor a cervejas dos tipos Porter e Stout. O quadro 1 apresenta uma lista de maltes e adjuntos usados na produção da cerveja. Esses são produtos usados como acréscimos, junto com o malte claro, cuja presença é predominante, para conferir uma rica diversidade e coloração às cervejas – mitos sobre o uso abundante de melado e caramelo devem ser descartados.

Exatamente da mesma forma que é possível articular as características de sabor das uvas (ver quadro 1, no capítulo 4),

QUADRO 1. MALTES E ADJUNTOS

Produto	Detalhes	Propósito/comentários
Malte Pilsen	Malte bem modificado, que é submetido a uma secagem moderada, em que as temperaturas não ultrapassam os 85 °C.	Principal malte para as cervejas Lager claras.
Malte Viena	Semelhante ao tipo Pilsen, mas com maior teor de nitrogênio (N). É mais modificado e a temperatura final de secagem atinge os 90 °C.	Malte principal para as cervejas Lager escuras.
Malte Munique	Derivado de cevadas com maior teor proteico (1,85% N, por exemplo) e germinação prolongada. O aquecimento começa com temperaturas baixas (por exemplo, 35 °C) para permitir um cozimento lento (modificação contínua). A temperatura, posteriormente, é elevada a mais de 100 °C, para a secagem.	Para cervejas Lager mais escuras.
Malte Pale	Teor relativamente baixo de N (por exemplo, < 1,65%), bem modificado. A secagem começa com uma temperatura em torno dos 60 °C e aumenta até a temperatura final de cura, de aproximadamente 105 °C.	Principal malte para as cervejas do tipo Pale Ale.
Malte Chit	Tempo muito curto de germinação e secagem leve.	Aceitável como adjunto em países como a Alemanha, que impõem restrições como a Reinheitsgebot.
Maltes verdes e de secagem ligeira	Pouca ou nenhuma secagem, após uma germinação substancial.	Alternativa para as enzimas exógenas.

(cont.)

Produto	Detalhes	Propósito/comentários
Maltes diastásicos	Cevada com altos níveis de N (especialmente a de seis fileiras), imersa em altos níveis de umidade, com germinação longa e fria. Uso do ácido giberélico, quando permitido. Secagem muito leve.	Grande potencial enzimático para o uso na brassagem com altos níveis de adjuntos.
Maltes defumados	Secagem feita sobre a turfa.	Para cervejas com sabores defumados – por exemplo, a Rauchbier.
Maltes de trigo	Trigo germinado, geralmente com pouca modificação, com secagem leve (por exemplo, < 40 °C).	Para cervejas feitas à base de trigo.
Maltes de centeio		Para cervejas especiais.
Maltes de aveia		Para cervejas especiais, inclusive as Stout.
Maltes de sorgo	Pode haver adição de agentes antibióticos, como a soda cáustica; germinação a temperaturas mornas (25 °C).	Para as cervejas de sorgo; também é possível utilizar malte de painço como uma fonte mais rica de enzimas.
Carapils (malte caramelo)	A umidade da superfície é seca a 50 °C antes de um novo período de 40 minutos de secagem com a temperatura elevada a 100 °C, seguido por um estágio de cura com temperatura de 100 °C a 120 °C por período inferior a uma hora.	Para conferir cor e sabores maltados e doces às cervejas mais leves.
Malte âmbar	O malte Pale é aquecido a temperaturas sucessivamente mais altas, em uma faixa que vai de 49 °C a 170 °C.	Acrescenta cor e um sabor de casca de pão ou de biscoito à bebida.
Malte cristal	Semelhante ao Carapils, mas a primeira cura acontece a 135 °C por menos de 2 horas.	Acrescenta cor e sabores de caramelo à cerveja.

(cont.)

Produto	Detalhes	Propósito/comentários
Malte chocolate	O malte Lager é tostado, a temperaturas de 75 °C a 150 °C, por uma hora, antes de elevar a temperatura a 220 °C.	Confere um caráter de chocolate, de café, queimado, amargo e torrado, além de cor.
Malte preto	Semelhante ao malte chocolate, porém mais intensamente tostado.	Para acrescentar notas ásperas, adstringentes, torradas e queimadas, além de cor.
Cevada tostada		Para conferir notas ardidas, secas, queimadas e ácidas à cerveja mais escura. Mais seca que os maltes torrados.
Cevada crua		Acrescentada na brassagem como uma fonte mais barata de extrato.
Cevada torrificada	Cevada aquecida entre 220 °C e 260 °C.	Mais fácil de moer que a cevada crua; nesta cevada, o amido é pré-gelatinizado.
Cevada em flocos	Grãos processados por meio de rolos aquecidos imediatamente após a torrefação.	Não precisa ser moída.
Trigo cru		Adjunto para cervejas à base de trigo.
Trigo torrificado	Trigo aquecido entre 220 °C e 260 °C.	Mais fácil de moer que o trigo cru. O amido é pré-gelatinizado; adjuntos à base de trigo podem ser utilizados em cervejas à base de cevada para aumentar a espuma.
Trigo em flocos	Grãos processados por meio de rolos aquecidos imediatamente após a torrefação.	Não precisa ser moído.
Farinha de trigo	Fração muito fina produzida na moagem do trigo.	Adjunto para a brassagem em barril, que não exige moagem.
Milho granulado	Produzido pela moagem do milho degerminado.	Acrescenta-se à máquina cozedora de cereais para a gelatinização; algumas vezes, por motivos econômicos, ou para a produção de cervejas de cor e sabor mais leves.

(cont.)

[VINHOS *VERSUS* CERVEJAS]

Produto	Detalhes	Propósito/comentários
Milho em flocos	Produzido pela torrefação e pelo processamento do milho por meio de rolos aquecidos.	Não precisa ser moído ou cozido na fábrica de cerveja.
Arroz granulado	Produzido pela moagem do arroz degerminado.	Acrescenta-se à máquina cozedora de cereais para a gelatinização; usado na produção de cervejas de cor e sabor mais leves.
Arroz em flocos	Produzido pela torrefação e pelo processamento do arroz por meio de rolos aquecidos.	Não precisa ser moído ou cozido na fábrica de cerveja.
Açúcar de cana	Refinado da cana-de-açúcar.	Sacarose – para adicionar à panela de fervura a fim de alongar o processo de brassagem ou à cerveja como agente de *priming* (formação de espuma e gás carbônico).
Açúcar invertido	Açúcar de cana após a hidrólise que o decompõe em frutose e glicose. Produzidos a partir da hidrólise do amido do milho, por meio de ácidos e/ou enzimas.	Para adicionar à panela de fervura a fim de alongar o processo de brassagem ou à cerveja como agente de *priming* (formação de espuma e gás carbônico).
Açúcares do milho	Produzidos pela hidrólise do amido do milho, por meio de ácidos e/ou enzimas.	Variedade de produtos que podem ser adicionados à panela de fervura, dependendo da extensão da hidrólise. Em um extremo está o açúcar com alto teor de dextrose (com quase 100% de glicose) e, no outro, o xarope com alto teor de dextrina. Esse xarope é bom para dar corpo – com baixíssima fermentabilidade. Já o açúcar com alto teor de dextrose é utilizado para alta fermentabilidade (por exemplo, na produção de cervejas leves). O mais amplamente usado é o xarope com alto teor de maltose – cujo espectro de açúcares se assemelha ao do malte brassado de forma convencional.

Fonte: Tabela reproduzida com base em M. J. Lewis & C. W. Bamforth, *Essays in Brewing Science* (Nova York: Springer, 2006).

podemos também falar de notas de sabor e aroma nos maltes. Um exame no quadro 2, entretanto, vai revelar um conjunto muito diferente de descritores. Enquanto a terminologia referente ao sabor das uvas é cheia de termos relacionados a frutas e especiarias – o que é perfeitamente compreensível –, no caso do malte, temos palavras que expressam bem as características de cereal e de gramínea do malte. E, com certeza, para os maltes mais escuros, os termos também se referem ao processo de torrefação. Muito mais prato principal do que sobremesa, poderíamos dizer.

QUADRO 2. NOTAS DE SABOR ASSOCIADAS AOS MALTES

Cereais	Bolacha doce, biscoito, feno, granola, massas
Doce	Mel
Queimado	Torrado, assado
Gramíneas	Broto de feijão, couve-flor, gramíneas, ervilhas verdes, alga marinha
Castanha (tostada)	Castanha, amendoim, noz, castanha-do-pará
Sulfuroso	Legume cozido, dimetilsulfeto
Áspero	Ácido, azedo, ardido
Doce de leite	Baunilha
Caramelo	*Cream soda* (bebida feita de baunilha e caramelo)
Café	Café *espresso*
Chocolate	Chocolate amargo
Melaço	Bala de melaço
Defumado	Fogueira ao ar livre, fogueira de lareira, turfa
Fenólico	Condimentado, medicinal, ervas
Frutado	Geleia de frutas, banana, frutas cítricas, bolo de frutas
Amargo	Quinino
Adstringente	Frutas que "amarram" na boca
Outros	Papelão, terra, papel molhado

Terminologia desenvolvida pela Brewing Research International.

[VINHOS *VERSUS* CERVEJAS]

NA FÁBRICA DE CERVEJA

As maltarias tendem a estar localizadas perto da cevada cervejeira. Assim, nos Estados Unidos, isso quer dizer que elas estão, em sua maioria, em estados como Dakota do Norte, Dakota do Sul, Minnesotta e, no Canadá, em províncias como Alberta, Manitoba e Saskatchewan. Depois de produzido, o malte precisa ser armazenado, em geral no mínimo por um mês, antes que possa ser usado na cervejaria. Ninguém até agora sabe bem por quê, mas é uma verdade que o malte que acabou de ser secado não "tem um bom desempenho" na cervejaria. Em mais esse aspecto, o malte não é como a uva – que é só pisar e pronto!

O grão é enviado para a cervejaria de caminhão ou de trem. As cervejarias, geralmente, não se encontram em locais pitorescos como as vinícolas e costumam estar em regiões de alta concentração de indústrias. É nesse tipo de lugar que, tradicionalmente, as pessoas mais sedentas estão.

O malte é primeiro moído em partículas bem menores, ficando de um tamanho que pode ser facilmente hidratado pela água adicionada à proporção de três partes para uma de grão moído. A água pode estar à temperatura de 45 °C para que alguns dos processos de decomposição iniciados na malteação sejam concluídos. Entretanto, todos os mostos serão aquecidos, de imediato ou cerca de 20 minutos depois, a 65 °C. Os recipientes para a fabricação da cerveja são providos de uma "camisa" pela qual o vapor pode passar a fim de regular a temperatura, sendo 65 °C uma temperatura considerada de equilíbrio. É nesse estágio que o amido, que está na forma de pequenas bolinhas duras (grânulos) no grão, é derretido, em um processo chamado gelatinização. Esse processo também pode ser chamado de *pasting*, porque se parece literalmente com o que acontece quando produzimos uma pasta grudenta na cozinha. O mais importante é que o amido, nessa forma pastosa, fica muito mais suscetível ao ataque das enzimas que o degradam e, em mais ou menos uma hora depois da brassagem, ele é transformado em uma mistura de açúcares e dextrinas, que são pequenas cadeias de amido degradado de forma incompleta. As dextrinas não podem ser decompostas pela levedura, mas, em geral, cerca de 80% do amido é convertido em uma forma fermentável.

O líquido, chamado mosto, é agora filtrado para que sejam eliminados resíduos, que são, em sua maioria, cascas. Os resíduos sólidos são transformados em ração para gado e se deterioram depressa se não forem prontamente transferidos, por isso, não se deve permitir que se acumulem; caso contrário, não haverá espaço para novas fermentações nos recipientes. A logística é bem afinada – e não é simples.

O mosto é fervido com o lúpulo por cerca de uma hora em um recipiente chamado "panela de fervura". O objetivo dessa fervura é interromper a atividade das enzimas, esterilizar o mosto, precipitar materiais indesejáveis que poderiam emergir como uma turvação na cerveja finalizada e, parcialmente, concentrá-lo para que sejam extraídos os valiosos componentes do lúpulo. É também nesse estágio que os indesejáveis componentes do aroma "cru" da cerveja são eliminados da bebida. Na verdade, é esse cheiro que sentimos quando passamos perto de uma cervejaria.

ÁGUA

Uma das maiores diferenças entre a cerveja e o vinho é que, para fabricar a cerveja, utiliza-se uma enorme quantidade de água, ao passo que para o vinho a quantidade necessária é relativamente pequena. Na fabricação do vinho, existe o esmagamento das uvas, mas pouca ou nenhuma adição de água, a não ser que seja necessário diluir a espessura do mosto. Em outras palavras, grande parte da água em uma garrafa de vinho se origina da uva. O mesmo não acontece com a cerveja. Não só são necessárias grandes quantidades de água na malteação, mas são usadas, em geral, três porções de água para uma de grão, no estágio de brassagem. Além disso, mais água é necessária para aspergir sobre os grãos durante a filtração, sem falar nos grandes volumes dedicados a manter as instalações imaculadamente limpas e também na água que é transformada no vapor utilizado para transferir calor no processo de fabricação. Nas cervejarias bem administradas, pode haver a demanda de talvez quatro ou cinco vezes mais água do que a quantidade presente na cerveja finalizada. Nas cervejarias menos eficientes, a quantidade pode ser dez vezes maior, ou até mais que isso.

Toda essa água precisa ser de primeira qualidade. Precisa não apenas estar livre de contaminações e qualquer traço de sabor ou cor (e a maioria das cervejarias filtra a água a ser utilizada, a fim de garantir sua qualidade) como também ter o conteúdo certo de sal. A medida da dureza (níveis de sulfatos de cálcio e magnésio, cloretos e bicarbonatos) tem um efeito profundo no que acontece no processo de fabricação. Quando esses sais estão em um nível muito baixo, é preciso acrescentar mais. Se o teor for muito alto, eles poderão ser removidos por meio de técnicas especiais de filtragem. Dessa maneira, um fabricante de cerveja pode equiparar sua água com qualquer outra do mundo. Assim, um cervejeiro alemão que deseja imitar as famosas Ale de Burton-on-Trent, na Inglaterra, onde a água é fenomenalmente dura, pode acrescentar à sua água sulfato de cálcio. E os alemães têm até uma maneira de chamar esse processo: *das Burtonization* – ou "burtonização".

Sem dúvida, quando as pessoas empregam o termo *terroir* – e quando pensamos nos recursos naturais da mãe terra – devemos ter em mente cascatas de pura água gaseificada com esses sais derivados das rochas. Então, essa palavra é ou não mais adequada para o uso na fabricação de cerveja?

Lúpulo

Se o malte é a alma da cerveja, o lúpulo é o tempero. É muito incomum existir uma planta que tenha um único uso principal. Embora o lúpulo esteja cada vez mais sendo aplicado na indústria farmacêutica, a única aplicação sustentada dessa planta está na produção de cerveja. Os romanos usavam o lúpulo em saladas, mas isso eu não recomendaria. Uma vez experimentei uma loção pós-barba feita à base de lúpulo, mas minha mulher a jogou fora depois do primeiro uso. Diz-se que as pessoas sonham com quem amam quando dormem em um travesseiro feito de lúpulo, mas isso nunca funcionou comigo. E eu não recomendo a prática de fumar lúpulo, apesar do fato de sua parente mais próxima ser a *Cannabis*. Já se disse que o lúpulo ajuda as pessoas que têm digestão difícil ou problemas intestinais. Afirma-se que o lúpulo faz maravilhas nos casos de constipação, cura a ejaculação precoce e diminui a ansiedade.

O lúpulo (*Humulus lupulus*) cresce entre as latitudes 30° e 50°, dos dois lados da linha do equador – nos Estados Unidos, os principais estados são Washington, Oregon e Idaho. Essas latitudes correspondem exatamente às regiões onde são cultivadas as melhores uvas viníferas. As semelhanças não param aí.

O lúpulo é uma robusta planta perene. Seu rizoma permanece na terra por muitos anos e, a cada ano, é colocado em suportes do tipo latada, com as plantas atingindo alturas de quase 5 metros. Embora recentemente existam algumas variedades anãs que atingem metade dessa estatura, sendo muito mais fáceis de manusear justamente por causa disso. Os solos precisam ter uma boa drenagem, mas a irrigação também é muito importante. O lúpulo é uma planta muito delicada, estando sujeita a todos os tipos de pragas e doenças, como a murcha verticular, o míldio, o bolor e o piolho-do-lúpulo, ou afídio-do-lúpulo. As variedades diferem em sua suscetibilidade à infestação e têm sido progressivamente selecionadas com base nesse fator. Entretanto, é frequente a necessidade de aplicação de pesticidas, que são sempre rigorosamente avaliados em relação à sua influência na qualidade do lúpulo, a qualquer efeito que possam ter no processo de fabricação da cerveja e, é claro, a seus efeitos sobre a saúde.

O lúpulo é uma planta dioica; em outras palavras, flores femininas e masculinas crescem em plantas separadas. Apenas a planta feminina tem valor direto para o cervejeiro, porque são as flores da planta feminina, os cones de lúpulo, que contêm os valiosos ingredientes. Como o lúpulo pode ser cultivado a partir de mudas, as plantas masculinas são eliminadas, especialmente porque sua presença leva à fertilização e à produção de sementes que a maioria dos cervejeiros julgam prejudiciais à cerveja.

Nos cones de lúpulo existem milhares de pequenas glândulas amarelas de lupulina, que contêm resinas e óleos. No estágio de fervura, as resinas são transformadas em uma forma mais solúvel, que é a fonte do sabor amargo da cerveja. Quanto maior a quantidade de lúpulo e quanto mais longo o tempo de fervura, mais amarga será a cerveja. Os óleos conferem o aroma que é tão característico de várias cervejas. Como outros óleos essenciais, eles são muito voláteis, e, por isso, se todo o lúpulo for acrescentado no início da fervura, o aroma será inteiramente eliminado e a cerveja não terá as características do lúpulo. Na produção de cervejas do tipo Lager, portanto, entre 5% e 10% do lúpulo só são acrescentados em um estágio bem mais avançado da fervura, o que permite que parte do óleo seja extraída e retida. Na produção das cervejas Ale, a prática tradicional tem sido acrescentar a maior parte do lúpulo no início da fervura, mas reservar um punhadinho para ser acrescentado a cada tonel que se enche. Isso garante o mais complexo caráter "seco" das Ale, muito menos sutil que o "remanescente" aroma do lúpulo nas Lager.

Os compostos que dão o sabor amargo à cerveja têm uma importância que vai muito além do sabor. Sua presença é uma das principais razões de a cerveja ter a espuma tão estável. Eles são antissépticos e estão entre os agentes que fazem da cerveja um dos alimentos mais resistentes a infecções por micróbios. O lado negativo é que esses componentes são sensíveis à luz e, se expostos à luz do sol, ou à iluminação artificial, eles se degradam em um composto que tem um cheiro nada encantador (*lightstruck*). É por isso que alguns cervejeiros não usam os cones de lúpulo na panela de fervura, extraindo suas resinas com dióxido de carbono líquido frio. Esse processo transforma quimicamente as resinas extraídas de modo que elas não sejam mais sensíveis à luz, podendo ser acrescentadas a cervejas destinadas a garrafas de vidro transparentes, sem medo do *lightstruck*. Outros produtos do lúpulo incluem os grânulos (lúpulo peletizado), em que os cones são moídos e comprimidos em uma forma que se desintegra durante a fervura, proporcionando melhor "utilização" dos componentes principais.

Assim como acontece com as uvas e a cevada, existem muitas variedades de lúpulo que diferem em seus níveis e composição de resinas e óleos. Algumas variedades contêm altos níveis de resinas e, portanto, são escolhidas por aqueles que buscam níveis mais altos de amargor, levando menos em consideração o aroma. Outras variedades têm maravilhosas composições oleaginosas, sendo muito apreciadas pelo aroma que conferem às cervejas. Assim como acontece com as uvas, a interação entre a variedade e o ambiente é muito importante. *Terroir, une autre fois* (Terroir novamente). O quadro 3 lista as características de algumas variedades de lúpulo. O leitor poderá reconhecer semelhanças com o quadro 1, no capítulo 4, referente às uvas, presente no capítulo anterior, mas com muito menos descrições e nada de afetação. As cervejas poderiam muito bem ser promovidas com base nas variedades de lúpulo, tanto quanto os vinhos são promovidos com base nas variedades de uva. Invariavelmente, elas não são. Talvez toda essa ter-

QUADRO 3. DESCRITORES DE AROMA PARA VARIEDADES DE LÚPULO

Bramling Cross	Marcante, forte, picante, groselha preta
Brewers Gold	Groselha preta, frutado, picante
Cascade	Floral, frutas cítricas, toranja
Chinook	Picante, pinho, toranja
Fuggle	Delicado, mentolado, gramíneas, levemente floral
Hallertau	Suave e agradável
Hersbrucker	Suave e semiforte, agradável e com notas de lúpulo
Millenium	Suave, ervas
Saaz	Muito suave, com agradáveis notas de terra e lúpulo
Styrian Golding	Delicado, levemente picante
Tettnang	Suave e agradável, levemente picante
Willamette	Suave e agradável, levemente picante, delicadas notas de ésteres (groselha preta e ervas)

Fonte: http://www.winepros.org/wine101/grape_profiles/varietals.htm e http://www.wellhopped.co.uk/Variety.asp.

minologia devesse ser ampliada e reforçada. Não existe motivo nenhum para que não seja. Entretanto, os cervejeiros são naturalmente justos. A verdade é que muitas das características do lúpulo são modificadas durante a fervura, a fermentação e a maturação, de modo que não é uma tarefa necessariamente fácil experimentar uma cerveja e dizer: "Ah, Fuggles" ou "Sem dúvida, Hersbrucker".

Fermentação

O mosto fervido é clarificado por filtragem do lúpulo residual, ou, no caso de serem usados grânulos (lúpulo peletizado) ou extratos de lúpulo, ele é submetido a rotação em um grande recipiente. Nesse processo, chamado *whirlpool* ("redemoinho"), todos os resíduos se precipitam e formam uma pilha no meio

[VINHOS *VERSUS* CERVEJAS]

da base do recipiente. (Essa foi uma circunstância observada pela primeira vez por Albert Einstein – quando mexia seu chá, ele percebeu que as folhas se acumulavam formando uma pilha no centro da base da xícara.) Depois, o mosto é resfriado e recebe uma injeção de oxigênio, porque a levedura precisa de algum oxigênio para satisfazer a produção de algumas de suas partes celulares. Afora isso, o mosto, com seus açúcares, que satisfazem a necessidade de carbono e energia, e seus aminoácidos, que satisfazem a necessidade de nitrogênio e vários minerais (especialmente cálcio e zinco), é uma fonte de alimentação bastante completa. Algumas vezes é preciso adicionar um pouco mais de zinco.

Assim como os fabricantes de vinho, os cervejeiros medem a intensidade de seu produto em termos de gravidade específica. No entanto, em vez de falarem em Brix, os cervejeiros utilizam ou a gravidade específica em si mesma (o peso do mosto em comparação ao peso do mesmo volume de água) ou usam graus Plato, que é basicamente uma medida da porcentagem de açúcar no mosto, comparável ao Brix. E também como o produtor de vinho, o fabricante de cerveja monitora o processo de fermentação seguindo a diminuição da gravidade específica/Plato, à medida que o açúcar se converte em álcool.

Diferentemente da maioria dos produtores de vinho, os cervejeiros são extremamente detalhistas em relação à sua levedura. A maioria deles tem suas próprias cepas, talvez cepas diferentes para produtos diferentes. Eles sabem, com certeza, como essas leveduras vão se comportar na produção da cerveja, a que porcentagem elas vão converter o açúcar em álcool, em que medida vão ficar juntas ("flocular"), se vão afundar ou permanecer em suspensão e até que ponto vão compor algumas substâncias de sabor.

As cepas das cervejas Ale pertencem à *Saccharomyces cerevisiae* e as das cervejas Lager são da *S. pastorianus*, que acreditamos ser uma cepa híbrida que surgiu muitos milênios atrás, do cruzamento de cepas de *S. cerevisiae* e *S. bayanus*, que encontramos no capítulo 4 no contexto da produção de Champagne. No caso das leveduras das Ale e das Lager, existem muitas variedades, e os cervejeiros estão convencidos de que a sua cepa, em cada caso, é a certa para a sua cerveja. Em se tratando de uma Stout robusta, com aquele caráter amargo e forte de malte torrado, as sutilezas de sabor introduzidas pela levedura são praticamente irrelevantes. No entanto, para uma cerveja com pouco caráter maltado ou lupulado, o caráter frutado, de éster, introduzido pelas leveduras é muito mais importante.

Outro fator importante na fermentação é a temperatura. As Ale tendem a ser fermentadas a uma temperatura mais alta do que as Lager, talvez entre 15 °C e 25 °C, em oposição a temperaturas entre 6 °C e 12 °C. Isso significa que a fermentação das cervejas Ale é muito mais rápida, e a levedura produz mais notas frutadas, comparável à fermentação do vinho tinto. Em contrapartida, as Lager tendem a ser caracterizadas por notas mais sulfurosas, consequência direta de sua fermentação mais lenta e a temperaturas mais baixas.

Além do álcool, do dióxido de carbono e dos sabores, o outro produto principal da fermentação cervejeira é a levedura, que aproximadamente triplica de quantidade em relação ao início do processo. Uma parte dessa levedura pode ser usada para desencadear a próxima fermentação e fornecer-lhe todas as características consideradas importantes, mas é imprescindível que ela esteja viva. Na prática, contanto que a concentração de álcool produzida na fermentação anterior não seja muito alta (digamos, menos de 6%), isso provavelmente acontece. Entretanto, se uma levedura foi trabalhada para produzir uma cerveja muito forte, então ela está boa apenas para o descarte. É por isso que os produtores de bebidas alcoólicas mais fortes, como o vinho, usam a levedura apenas uma vez.

A maioria dos cervejeiros usa apenas um lote de levedura para cinco ou seis fermentações, depois disso uma nova levedura é utilizada. A levedura antiga se transforma em uma comida apetitosa para porcos – que, em especial, apreciam o álcool residual, de modo que ficam relaxados e felizes enquanto acumulam peso. No Reino Unido, a levedura é transformada em um extrato para passar na torrada, conhecido como Marmite; na Austrália, ele se chama Vegemite. As pessoas o amam ou o odeiam.

Maturação

Os cervejeiros diferem consideravelmente no que se refere ao período de manutenção da cerveja em tanques após a fermentação (como já foi explicado, *Lager*, em alemão, associa-se à ideia de armazenamento) e antes da filtração e do envasamento. Em todos os casos, eles se certificam de que a cerveja seja deixada em contato com a levedura o tempo suficiente para que ela remova os últimos traços de duas substâncias que conferem à cerveja características indesejadas. A primeira é o diacetil, que dá à bebida um sabor amanteigado, bem-vindo nos vinhos Chardonnay (e na pipoca), mas certamente não na maioria das cervejas. A segunda substância é o acetaldeído, que tem um aroma de maçãs verdes ou tinta fresca e é mortal para qualquer cerveja, mesmo sendo uma característica de alguns vinhos do tipo Xerez.

Pode haver outros sutis aspectos do sabor que convencem alguns cervejeiros de que a maturação mais longa se justifica; mas, francamente, muitos dos argumentos nesse sentido ainda precisam ser provados e são mais fundamentados em estratégias de *marketing* que em um realismo tecnológico.

Tratamentos finais

Os cervejeiros são meticulosos em relação a evitar o ingresso de ar durante os tratamentos finais de seu produto. A outra coisa que precisam fazer é remover materiais que possam levar ao desenvolvimento de uma turvação no produto final comercializado. Para evitar que isso aconteça, eles resfriam a cerveja a uma temperatura tão baixa quanto possível – digamos, entre -1 °C e -2 °C, para precipitar e sedimentar partículas sólidas. Depois, removem proteínas solúveis sensíveis à turvação usando sílica-gel, papaína, ácido tânico ou polifenóis solúveis pela adição de PVPP. Os materiais insolúveis são retirados pela ação do *isinglass*. Em seguida, a cerveja é filtrada, com a utilização de terra diatomácea ou cinza vulcânica (perlita) como auxiliar para filtragem. O nível de dióxido de carbono é ajustado ao nível exigido para o estilo da cerveja em questão e, por fim, o produto é enlatado, engarrafado ou colocado em barriletes.

[VINHOS *VERSUS* CERVEJAS]

Envasamento da cerveja

A verdade nua e crua é que o componente mais caro de uma garrafa de cerveja é a garrafa, especialmente se considerarmos a extremamente cara operação de envasamento. Entrar em uma sala de engarrafamento é encontrar alta tecnologia. Esteiras transportam as garrafas por meio de ciclos de lavagem até os enchedores, que são enormes tanques giratórios parecidos com barulhentos *donuts* superinflados. Cada um desses tanques contém a cerveja e várias bocas de enchimento. Essas bocas possuem tubos que são abaixados com precisão para entrar no interior das garrafas, à medida que elas se alinham. Pelo tubo, forma-se um vácuo na garrafa que, posteriormente, é preenchido com dióxido de carbono para garantir a total ausência de ar. Uma válvula se abre automaticamente e permite que a cerveja flua com suavidade para dentro da garrafa. O carrossel continua, então, girando, e mais e mais garrafas entrando na operação, de modo que toda a circunferência do enchedor fique adornada com garrafas em vários estágios do ciclo de enchimento. Quando as garrafas estão cheias, o tubo desliza para cima de novo. Em seguida, elas batem suavemente contra um "agitador", que causa a formação de bolhas e espuma na superfície da cerveja, expulsando o ar do pescoço do recipiente. Se esse ar fosse mantido na cerveja, ela ficaria "choca" muito depressa. No momento em que o líquido começa a derramar da borda da garrafa, a tampinha é pressionada e fecha o recipiente. Tudo isso ocorre a velocidades que podem estar acima de 1.500 garrafas por minuto. O enchimento das latas é um processo bem semelhante, exceto pelo fato de que pode ocorrer a uma velocidade que permite mais de 2 mil latas por minuto. Essas são máquinas poderosas, muito mais dinâmicas, intensas e precisas do que as que encontramos em uma vinícola típica.

Há muito tempo surgiu o interesse no envase da cerveja em garrafas de plástico, produzindo um produto leve que permita seu ingresso em mercados nos quais o vidro não é desejável ou possível – por exemplo, dentro de estádios esportivos. Se as garrafas de plástico são esteticamente mais satisfatórias que as latas, isso permanece uma questão controversa. De qualquer forma, a barreira à aceitação consiste literalmente... na barreira: o plástico inicialmente usado para engarrafar cerveja era excessivamente permeável ao ar, o que significava que a cerveja se deteriorava muito depressa. A quantidade de ingresso de ar através dos plásticos atuais é muito menor, mas ainda há pessoas que resistem ao conceito da cerveja em embalagens de plástico, bem semelhantes àqueles aficionados do vinho que se mostram resistentes às tampas de atarraxar.

A cerveja que é servida nas torneiras das tabernas é colocada em barris de alumínio ou aço inoxidável que chegam e saem da cervejaria para levar cerveja aos clientes mais sedentos. Em cada barril há um tubo, que tem várias funções. É por ele que o barril (em geral de cabeça para baixo) é lavado – acoplando-se uma mangueira à boca do tubo e injetando água, depois soda cáustica, em seguida, mais água, e, finalmente, esterilizando-se o barril com um vapor bem quente. O barril, então, é acoplado a outro equipamento que cuidadosamente injeta nele dióxido de carbono para expulsar o ar, e, depois, cerveja. Nesse momento, o barril está pronto a ir para o armazém e ser transportado para a adega dos bares, onde seu tubo será de novo acoplado, desta vez à torneira para servir a bebida. Quando o atendente do bar abre a torneira, dióxido de carbono, vindo de um tanque na adega, é injetado no barril, e, como o líquido precisa ir para algum lugar para obter espaço, ele passa pelas mangueiras e aparece na torneira, chegando então ao copo.

Em lugares como a Inglaterra e o País de Gales, existe um forte movimento para apoiar a produção de *cask-conditioned ales*, ou Ale refermentadas no barril. Essas Ale não são maturadas na fábrica, mas colocadas no barril ao final da fermentação, quando ainda possuem algum fermento residual. Os barris, tradicionalmente de madeira, hoje em dia fabricados com o mesmo material dos barriletes, têm dois furos: um próximo a uma das bases, na extremidade mais afilada, e o outro no centro da lateral mais larga do barril. Cada furo é tampado com madeira. O primeiro furo é o local em que a torneira será acoplada, mediante golpes de um martelo de borracha. Pelo outro furo a cerveja vai "respirar".

Junto com a cerveja, o fabricante coloca no barril um pouco de lúpulo (para introduzir o pronunciado sabor seco de lúpulo que é característico dessas cervejas), um pouco de açúcar para o *priming* – formação de espuma e gás carbônico –, para que a levedura residual o utilize, e *isinglass*. O barril é rolado e despachado para o bar. O segundo furo é tampado com um botoque de madeira resistente, que é relativamente impermeável a gases, principalmente ao dióxido de carbono produzido pela levedura, que usa o açúcar para naturalmente carbonatar a cerveja. Uma vez atingido o nível de carbonatação, o botoque que fechava o segundo orifício pode ser substituído por uma peça de material mais permeável. Enquanto isso, a levedura e outros materiais insolúveis presentes na cerveja são decantados pela interação com o *isinglass*.

O resultado é uma cerveja de baixa carbonatação, mais lupulada e muito agradável de beber. Tradicionalmente ela é consumida na temperatura da adega (15 °C), que é inadequadamente chamada pelos norte-americanos de "quente" – embora, em comparação à temperatura de 4 °C da cerveja preferida pelo consumidor californiano (ou seja, temperatura de geladeira), talvez seja mesmo. O ponto fraco dessas cervejas reside no fato de estarem sujeitas à contaminação pelas bactérias do ácido acético – é bom lembrar que elas não são esterilizadas e ficam basicamente abertas ao contato com o ar, de modo que a produção de vinagre poderá ocorrer se faltarem, no bar, o cuidado e a atenção de uma pessoa conscienciosa, que deve zelar pela qualidade da cerveja.

Controle e automação

A produção da cerveja Ale refermentada no barril é um processo muito tradicional. É testemunho de uma era de arte e ofício. Em contrapartida, as cervejarias modernas são as fortalezas do controle cerrado. O centro de controle de uma cervejaria se parece com a sede da Nasa. O lugar está equipado de uma ponta a outra com sensores alinhados que podem monitorar todos os principais movimentos do processo e enviar a informação para a tela do computador, na "central espacial". Dessa forma, obtêm-se um controle fabuloso e uma consistência extraordinária nos produtos.

CAPÍTULO 6

A QUALIDADE
DO VINHO

[A QUALIDADE DO VINHO]

Quando se considera a qualidade de qualquer bebida alcoólica, não basta discutir apenas as características óbvias do produto, que, no caso do vinho, seriam a cor, a limpidez, o aroma e o sabor. Talvez no caso do vinho, mais do que no de qualquer outra bebida, a qualidade fique envolta em uma atmosfera, uma cultura, um estado de espírito e um quase intangível encontro de geologia, clima, localização, tradição, arte, mistério e hipérbole.

Vou explicar. Há alguns anos, um empreendedor chamado Fred Franzia decidiu sacudir o esnobe mundo californiano do vinho lançando produtos comercializados com o nome de Charles Shaw, mas informalmente conhecidos como Two Buck Chuck (algo como "Zeca Duas Merrecas"). Isso porque os produtos eram vendidos nas charmosas lojas da cadeia Trader Joe's ao convidativo preço de 1,99 dólar. Compreende-se que a bebida tenha se tornado muito popular entre todos – todos, menos aqueles que se consideravam aficionados do vinho, para quem a iniciativa não passava de golpe publicitário. E assim foi até que o Charles Shaw 2002 California Shiraz acabou sendo escolhido pelos juízes de nariz empinado como um dos 53 finalistas da International Eastern Wine Competition, em Corning, estado de Nova York, em uma degustação cega na qual foram inscritas 2.300 variedades de vinhos. Na manhã seguinte, os juízes foram vistos andando de um lado para o outro cabisbaixos, envergonhados de seu julgamento ignorante e totalmente intrigados, sem entender como podiam ter sido "enganados". Talvez não lhes tenha ocorrido que, na verdade, o vinho era muito, muito bom. Seria bom se eles interpretassem o ocorrido apenas como um sinal de que talvez, apenas talvez, pode não haver uma correlação simples entre custo e qualidade. Sem dúvida nenhuma, esse vinho jamais teria sido escolhido como finalista se os concorrentes fossem identificados.

Certamente, esse concurso não foi o primeiro em que os assim chamados *connaisseurs* de vinhos ficaram intrigados. A ocasião mais famosa de todas consistiu em uma degustação realizada em Paris em 1976. Steven Spurrier, comerciante parisiense, organizou o evento, e nove especialistas estavam fazendo o julgamento "às cegas", entre eles os supostos oito melhores especialistas em vinho da França. Eles começaram com os brancos, e as safras francesas foram batidas pelos Chardonnay da Califórnia. Aconteceu o mesmo com os tintos: um Cabernet Sauvignon californiano foi escolhido como o melhor de toda a competição. Um degustador disse que esse vinho "testemunhava a magnificência da França". Na verdade, tratava-se de um Cabernet do Napa Valley. "Este é, definitivamente, um vinho californiano – sem aroma", disse um outro sobre um Batard-Montrachet'73.

Conhecedores de vinho? Talvez fossem. Tudo o que o acontecimento realmente provou é que existem alguns vinhos es-

[A QUALIDADE DO VINHO]

petaculares no Novo Mundo e nem todos eles são vendidos a preços absurdos. O que corrobora perfeitamente meu argumento: a qualidade está tanto no rótulo, na marca, na safra e na casa que fabricou o vinho quanto nas moléculas que compõem o líquido.

Exatamente como acontece com as cervejas, parece haver uma curva de aprendizagem dos apreciadores de vinho. Assim como o bebedor incipiente de cerveja invariavelmente escolhe as menos amargas, o bebedor de vinho principiante prefere os brancos mais doces e leves e progressivamente vai se aproximando dos tintos mais robustos, envelhecidos e complexos.

Deixando de lado o impacto da garrafa, do rótulo e do ritual, podemos considerar a qualidade do vinho de acordo com critérios de aparência, aroma, sabor e tato. Este último, sem dúvida, refere-se à sensação bucal ou "corpo".

Seja discutindo vinho ou cerveja, um importante julgamento da qualidade esperada, inclusive do sabor, será determinado pelo simples ato de olhar o produto em uma taça. Sensata e felizmente, no caso do vinho, o simples ato de transferir a bebida para um recipiente separado na hora de beber costuma ser a norma. Infelizmente para a cerveja, esse hábito parece ser cada vez mais a exceção, o que significa que a aparência do produto é muito menos relevante. Os fabricantes de cerveja precisam se esforçar muito para dissuadir o cliente dessa prática vulgar: eles teriam um produto muito mais valioso se elevassem o teatro de servir a bebida ao mesmo nível do que observamos no caso do vinho (evitando, espera-se, aquela "cheiração" idiota de taça e rolha antes que o garçom seja convidado a servir a bebida).

[VINHOS *VERSUS* CERVEJAS]

Uma característica da aparência do vinho que raramente é associada à cerveja são as "lágrimas", ou "pernas", ou arquetes, que escorrem pela parede da taça depois de o vinho ter sido agitado. A física é complexa, a relevância direta para a qualidade é discutível, mas o impacto visual é agradável.

Quase todos os vinhos são límpidos – ou seja, eles estão livres de turvação ou sedimentos. Invariavelmente, sedimentos se desenvolvem em vinhos envelhecidos – lembre-se dos Porto clássicos –, e, nesse caso, eles devem ser decantados, tomando-se cuidado para não agitar as partículas.

Os vinhos têm fundamentalmente três cores – vermelho, rosa (ou seja, rosé, blush, white Zinfandel) e amarelo-claro (conhecido como branco) (quadro 1). Pode haver variações sutis ou não tão sutis, mas a faixa de variação de cores é muito menor que a da cerveja, que vai da incolor à preta.

O aroma e o sabor do vinho devem corresponder à expectativa criada pela aparência. Sem dúvida, o sabor do vinho é complexo e os aficionados que chamam atenção para esse aspecto defendem-no quando querem expressar o mistério e a complexidade da bebida. Na realidade, afirma-se que existem 400 diferentes compostos que contribuem para o aroma do vinho. (Talvez o leitor queira, entretanto, ponderar sobre o fato de que existe provavelmente o dobro de substâncias relevantes no caso da cerveja.)

Os sabores do vinho vêm da uva e do metabolismo da levedura durante a fermentação e o envelhecimento. É preciso saber que algumas das características desenvolvidas durante a fermentação gradualmente decaem com o envelhecimento. Algumas dessas mudanças podem ser desejáveis, por exemplo,

[A QUALIDADE DO VINHO]

QUADRO 1. CORES DO VINHO

	Vinho	Cor
a) Brancos	Riesling branco	De amarelo-esverdeado até amarelo
	Chablis	Amarelo-claro
	Chardonnay	De amarelo a ouro claro
	Sauvignon Blanc	De amarelo a ouro claro
b) Tintos	Pinot Noir	De vermelho fraco a vermelho médio
	Cabernet Sauvignon	Vermelho médio
	Zinfandel	Vermelho médio
c) Doces	Sauternes	De ouro claro a ouro
	Tokay	De ouro claro a ouro âmbar
	Rosé	Rosado
d) Xerez	Fino	Amarelo-claro âmbar
	Oloroso	De ouro velho a âmbar
	Dry baked	Âmbar claro
	Sweet baked	Âmbar médio
e) Tintos de sobremesa	Porto Tawny	Vermelho âmbar
	Porto Ruby	Vermelho rubi
f) Brancos de sobremesa	Moscatel	De ouro âmbar claro a ouro
	Porto branco ou Angelica	Amarelo médio
	Madeira	Âmbar médio
	Marsala	Âmbar escuro
g) Vermute	Seco	Amarelo claro
	Doce	De âmbar médio a âmbar escuro
h) Champagne	Tinto	Vermelho
	Rosé	Rosado
	Branco	Amarelo-claro

Fonte: M. A. Amerine & V. L. Singleton, *Wine* (Berkeley: University of California Press, 1977).

[VINHOS *VERSUS* CERVEJAS]

a eliminação gradual de compostos que contêm o átomo do enxofre, substâncias que tendem a ter aromas descritos como de ovo, de verdura, ou de queijo.

As descrições afetadas, absurdas e prosaicas são muito mais comuns para o vinho do que para a cerveja. Ouvimos falar de encostas de colinas, aromas de ervas e coisas delicadas, exóticas e frescas manhãs de primavera, mas, muitas vezes, é difícil relacionar tudo isso à droga de vinho que puseram na mesa.

Entretanto, uma parte da linguagem é bem mais direta no sentido de descrever qual é o real sabor de um vinho. Assim como "cachorro molhado" tem sido empregado como descritor honesto de um caráter que pode se desenvolver na cerveja, algumas vezes se diz que determinado vinho, que é melhor não identificar, tem o aroma de um pé de groselha no qual um gato recentemente fez xixi.

O "sabor" básico, tanto no vinho quanto na cerveja, assim como em qualquer alimento, é englobado pelas sensações de doce, azedo, salgado e amargo, essas características são determinadas pela interação de substâncias com os receptores de sabor (papilas). Entretanto, a maior parte do sabor é determinada como "aroma". Pode-se sentir o aroma diretamente – cheirando-se o espaço sobre o vinho dentro da taça, como fazem as pessoas que aprovam o produto apresentado pelo *sommelier*. Ou pode-se senti-lo indiretamente – o chamado efeito retronasal – quando os compostos aromáticos são liberados na boca e passam para o nariz pelo fundo da cavidade bucal.

Duas palavras entraram no jogo no mundo dos vinhos para descrever o cheiro. A primeira é "aroma", que alguns restringem ao caráter conferido pela uva, e a segunda é *bouquet*, que expressa o caráter desenvolvido no processo de vinificação e armazenamento. Questão semântica, não é mesmo?

Quantitativamente, o componente mais importante de um vinho é o álcool, com seu impacto aquecedor, mas também com a sensação doce e seu efeito no "corpo" (do vinho). O glicerol também contribui para a doçura e o corpo.

Vários ácidos estão presentes no vinho, como o tartárico, o málico e o cítrico – da uva – e o lático e o succínico, fornecidos pela levedura durante a fermentação. Vinhos que têm pouco desses ácidos tornam-se "chatos" ou "planos", ao passo que vinhos com altos teores deles tornam-se azedos. Quando o pH é baixo (alta acidez), a cor vermelha intensifica-se e existe menos tendência de o vinho tornar-se "marrom" pela oxidação. Além disso, o dióxido sulfúrico se torna mais eficaz. Sem dúvida, alguns desses ácidos contribuem com características específicas de aroma – por exemplo, o ácido acético confere um aroma avinagrado; e o butírico, um aroma amanteigado.

O corpo do vinho e sua adstringência são fenômenos separados, mas que estão relacionados, devendo muito à contribuição de componentes como polifenóis e flavonoides. A sensação em boca, ou corpo, também é determinada pelo teor alcoólico do vinho e, em alguns casos, pelo diacetil, uma substância produzida pela levedura que tem um caráter de manteiga misturada com caramelo.

Os polifenóis são em geral muito mais importantes para os vinhos do que para a cerveja e a ciência dessa fascinante classe de substâncias é extremamente complicada. Os flavonoides, encontrados na casca e na semente da uva, contribuem para imprimir cor, sabor e sensação em boca. As moléculas dos flavonoides, conforme se polimerizam, promovem a migração do amargor para a sensação de adstringência (a "amarração" na boca).

Os níveis desses componentes em um vinho dependem muito das condições de processamento, como a extensão do contato com a casca e as uvas e o grau de bombeamento (circulação do vinho dentro do tanque para haver maior contato com as cascas, que ficam na superfície).

Os componentes de sabor do vinho são algumas vezes divididos em aromas "primários", que derivam diretamente da uva; aromas "secundários", que se desenvolvem durante a vinificação, principalmente durante a fermentação; e aromas "terciários", que surgem durante o armazenamento.

Existe um conhecimento razoável dos componentes químicos específicos que são derivados dos vários tipos de uva e que conferem determinado caráter aos vinhos feitos com elas. Assim, o metilantranilato (das *fox grapes* norte-americanas, com seu aroma foxado) contribui para o aroma do Lambrusco, a 2-metoxi-3-isobutilprazina (pimentão) para o aroma do Cabernet Sauvignon, e a damascenona ("rosa") para o do Chardonnay. As uvas Moscatel têm terpenos como o linalol e o geraniol (compostos também encontrados no lúpulo). As uvas Gewürztraminer contêm 4-vinilguaiacol, exatamente a mesma molécula que confere o tom condimentado do cravo às cervejas de trigo. As uvas Sauvignon Blanc têm um caráter semelhante à goiaba, que vem do 4-metil-4-mercaptopentano-2-ona. Existem notas de pétala de rosa no 2-feniletanol que está presente nas uvas muscadinas.

[A QUALIDADE DO VINHO]

Alguns desses compostos ativos de sabor estão ligados aos açúcares da uva. A levedura produz enzimas que quebram o elo entre a molécula de sabor e o açúcar e assim existe liberação de sabor durante a fermentação, o qual depende do passar do tempo.

Outras substâncias de sabor são desenvolvidas pela levedura por meio de seu metabolismo. Entre elas estão os ésteres, que conferem ao vinho um caráter frutado. Há os aldeídos, principalmente os acetaldeídos, que são os grandes responsáveis pelo aroma do Xerez da marca Fino, mas cujo excesso pode tornar um vinho "chato". Existem álcoois diferentes do etanol e também aminas e compostos que contêm enxofre. Sem dúvida, como *Saccharomyces* (apesar das cepas diferentes) é o organismo envolvido na produção de vinho e cerveja, não há outras complexidades exclusivas do vinho referente a esse aspecto. Para os dois tipos de bebida, as variáveis importantes na fermentação, que vão definir em que medida os vários componentes serão produzidos, incluem a intensidade da solução de açúcar (quanto mais forte, maior o nível de produção de muitas dessas substâncias), a temperatura de fermentação, a quantidade de oxigênio obtida pela levedura, a pressão hidrostática e a própria cepa da levedura. Em relação a esta última variável, os produtores de vinho em geral não se aventuram muito.

A maturação do vinho tem efeito no aroma, mas também nos atributos de sabor, como a adstringência. Existem fundamentalmente dois tipos de maturação. A que ocorre na tina, ou barril, envolve a extração de substâncias das paredes do recipiente e também mudanças induzidas pelo oxigênio, como a

[VINHOS *VERSUS* CERVEJAS]

polimerização de polifenólicos, levando à suavização da adstringência, em virtude da precipitação das moléculas produzidas, que são muito grandes. Também pode haver diminuição da acidez. As mudanças na garrafa não envolvem a extração de substâncias ou a oxidação, mas refletem as interações entre os vários constituintes do vinho.

O mais comum entre os fatores que podem arruinar um vinho é a ação do tricloroanisol, que causa um gosto de rolha ou de mofo. A maneira lógica de evitar esse problema é usar rolhas plásticas ou tampas metálicas de rosca. Para muitos, isso está além do que se considera estético, mas esse conservadorismo esnobe está mudando. As contaminações também surgem dos recipientes de madeira e as substâncias responsáveis por isso podem incluir a geosmina, que confere uma nota terrosa, e o 2-metilisolborneol, que confere um aroma de remédio. Elas surgem em virtude do tratamento das rolhas com cloro e a subsequente ação de bactérias e fungos. As rolhas devem ser mantidas em um nível de umidade muito baixo, para minimizar o problema.

O formato do copo de vinho parece ter influência na percepção do sabor. Diz-se que os copos em forma de lírio direcionam o vinho para regiões palatais que são ou ricas ou desprovidas de algumas papilas gustativas, por exemplo, aquelas que detectam taninos que causam o sabor adstringente.

O vinho finalizado é muito resistente à deterioração. O teor alcoólico muito alto, o baixo pH e a presença de sulfito contribuem para essa resistência, mas muitos consideram que os polifenóis são os antibióticos mais importantes. Entretanto, é

[A QUALIDADE DO VINHO]

possível que, mesmo assim, apareça algum tipo de fungo, embora seja necessário um microscópio para enxergá-lo. Uma manifestação de sua presença seria o vinho espirrar para fora da garrafa.

CAPÍTULO 7

A QUALIDADE
DA CERVEJA

[A QUALIDADE DA CERVEJA]

A qualidade da cerveja, se a destilássemos em algumas gotinhas, poderia ser descrita como "exatamente a do vinho, mais a espuma". Sem dúvida há vinhos espumantes, mas de modo algum as bolhas sobrevivem como uma espuma estável. Apesar do fato de muitas pessoas beberem sua cerveja diretamente da lata ou garrafa, e de um turista, em Londres, poder encontrar Ale (apesar de deliciosa) com aparência de chá frio, todas as imagens de cerveja que encontramos nas telas ou em ilustrações gráficas apresentam uma espuma rica, densa e cremosa.

Não há dúvida de que a espuma tem grande impacto na percepção a respeito da cerveja. Se mostrarmos imagens de cervejas com muita e com pouca espuma, certamente os bebedores de plantão vão declarar que as que têm mais espuma são produtos melhores, mais frescos e saborosos. Tudo isso baseados apenas na aparência; nenhuma gota foi ainda bebida para realizar essa avaliação.

Então, por que a maioria das cervejas tem uma espuma estável enquanto outras bebidas, como o espumante e as sodas, não têm, apesar de, em alguns casos, elas conterem mais dióxido de carbono que a cerveja? A resposta é que a cerveja con-

[VINHOS *VERSUS* CERVEJAS]

têm moléculas que estabilizam as bolhas. Elas são levadas até o colarinho quando a espuma se forma e, uma vez presas entre paredes de bolhas, essas moléculas criam uma estrutura (como se fosse um andaime) que não deixa a espuma desmoronar. As principais substâncias envolvidas são classes de proteínas que se originam na cevada maltada (e em adjuntos como o trigo, mas não o milho ou o arroz) e substâncias amargas que derivam do lúpulo.

Por essa razão, pode-se dizer que, quanto mais amarga é a cerveja, mais estável é sua espuma. Da mesma forma, quanto maior a proporção de malte, e em particular de trigo, que tem proteínas especialmente poderosas na formação de espuma, mais estável ela será.

Não se trata simplesmente de a espuma ser conservada. A qualidade da espuma pode ser descrita de acordo com vários critérios. Em primeiríssimo lugar, quanta espuma se forma? Quanto mais dióxido de carbono (CO_2) houver na cerveja, tanto mais espuma será produzida. Portanto, é mais difícil produzir um colarinho em uma Ale tradicional inglesa, que pode conter apenas 1,2 volume de CO_2 (um volume seria 1 mℓ de gás por mililitro de cerveja), do que em uma cerveja de trigo da Baviera, que pode conter a significativa quantia de mais de 3 volumes. Em todos os casos, é preciso que haja movimento para gerar espuma. Pode ser o movimento produzido por uma chopeira (uma bomba de sucção, mais ou menos como fazemos para tirar gasolina do tanque) para a Ale de barril. Pode ser o despejar vigoroso da cerveja no copo – com demasiada frequência, vou a restaurantes em que o garçom tenta servir a cerveja com extrema delicadeza pela lateral do copo, para *evitar* a formação de espuma e despejar o máximo de líquido possível. Desculpem-me! Despejem a cerveja diretamente na base do copo, ao centro, permitindo que a espuma se forme à vontade! Depois, deixem a garrafa sobre a mesa, para que eu decida como quero minha espuma e para que os outros no restaurante admirem a marca que escolhi.

Sem dúvida, o modo mais desprezível de provocar a formação de espuma é acrescentar às latas – e, às vezes, nas garrafas – um "apetrechinho", uma cápsula plástica ou metálica contendo gás nitrogênio, que serve para "nuclear" a espuma, de modo que, quando alguém abra o recipiente e comece a servir o líquido no copo, o gás irrompa com força. É importante certificar-se de que a cerveja esteja gelada antes de tentar abrir o recipiente, caso contrário o líquido espirrará para todos os lados. É interessante notar que justamente as cervejas que vêm com esse apetrechinho – as Stout e as Ale – não devem ser, em geral, consumidas à temperatura de geladeira.

Mais elegante – e muito mais simples – é despejar a cerveja em copos com ranhuras na base. A espuma se forma mais facilmente nessas ranhuras, e "fios" de bolhas sobem pelo copo, assumindo um desenho de colar de contas (*beading*) e alimentando continuamente a espuma.

Além desse primeiro critério, a espuma deve se manter, e é nesse ponto que as proteínas e os ácidos amargos entram em cena. A escolha do agente do sabor amargo é relevante. Alguns fabricantes utilizam os chamados ácidos amargos "reduzidos". Eles são modificados para que deixem de se degenerar na presença da luz e não formem o repreensível *lightstuck*, associado a cervejas que vêm em garrafas verdes ou transparentes e não

[VINHOS *VERSUS* CERVEJAS]

contêm essas moléculas alteradas. Os ácidos amargos reduzidos têm propriedades capazes de formar uma espuma intensa, produzindo colarinhos que são altos e rígidos, às vezes demais.

Os ácidos amargos são responsáveis por transformar a espuma de um estado líquido em um estado quase sólido. Isso leva algum tempo – de modo que, quando a pessoa despeja a cerveja no copo, deve esperar 1 ou 2 minutos para observar a mudança na textura. E é essa transição que leva à formação da "renda". A espuma mais solidificada tende a grudar na parede do copo e a formar um desenho que é considerado atraente por muitas pessoas – mas não por todas: algumas mulheres em especial acham que o copo fica feio e parecendo sujo. Na verdade, a formação desse desenho é sinal de um copo muito limpo.

Na realidade, há muito mais problemas com a espuma da cerveja por causa dos copos sujos do que por qualquer defeito da cerveja em si. Gorduras, como as introduzidas por alimentos, e detergentes, como os que permanecem na louça recém-lavada, matam a espuma. É melhor não estar com os lábios engordurados nem ter bigode aos quais os glóbulos de gordura possam aderir e também é bom evitar batons, se a pessoa não quiser desfazer o colarinho de sua cerveja. E nunca, nunca se devem usar bigode e batom ao mesmo tempo. Ao lavar os copos, o truque é usar uma boa água ensaboada e eliminar todos os resíduos oleosos, mas depois ainda enxaguar completamente os copos com água limpa para eliminar o detergente, antes de permitir que os copos sequem ao natural. Não se deve enxugá-los com um pano encardido. E, obviamente, os copos não podem ser transportados enfiando-se neles dedos grudentos.

[A QUALIDADE DA CERVEJA]

É claro que também é possível que a espuma seja excessiva – a ponto de extravasar. Se um vasilhame é aberto e o líquido imediatamente espirra para fora, temos um problema de *gushing*. Tal fato pode ser consequência do mau manuseio do vasilhame – ele, provavelmente, foi agitado. Em casos assim, permitir que ele descanse algumas horas deve sanar a situação. Mas existe a possibilidade de o problema ser mais insidioso, indicando a presença, na cerveja, de outras substâncias. Se esse for o caso, armazenar a cerveja, não importa por quanto tempo, não resolverá nada. A causa mais frequente do extravasamento (*gushing*) é uma pequena proteína fabricada por um fungo chamado *Fusarium*, que pode infectar o grão. Boas práticas agrícolas previnem essa ameaça.

A maioria das cervejas é "cristalina" e deve ser livre de turvação e de sedimentos. Mas isso não acontece em 100% dos casos. Muitas cervejas de trigo, especificamente, são turvas devido à presença de levedura e outras substâncias insolúveis. Essas são as Hefeweissen, que se opõem às Kristalweissen (que são clarificadas).

Muitas substâncias podem contribuir para reações de insolubilização na cerveja. A mais notável é uma ligação entre polifenóis (do grão e do lúpulo) e determinadas proteínas do grão – uma classe diferente daquelas responsáveis pela espuma. Assim, como foi visto no capítulo 5, o processo de produção da cerveja é orientado para a eliminação de níveis excessivos desses materiais. A excelência na eficiência do processo também é importante para que outros formadores da turvação não sobrevivam na cerveja. Entre esses elementos estão o amido, o ácido oxálico e os polissacarídeos, que compõem as paredes celulares da cevada.

[VINHOS *VERSUS* CERVEJAS]

A cor da cerveja se deve principalmente às chamadas melanoidinas, moléculas que não são encontradas no vinho. Elas são formadas em uma reação química investigada, pela primeira vez, por Louis Camille Maillard (1878-1936). A reação, que ficou conhecida como reação de Maillard, envolve a fusão de açúcares e aminoácidos na presença de calor. Quanto maior o número de moléculas desencadeadoras e quanto maior o calor, mais cor se produz.

No caso da cerveja, o principal estágio para a reação de Maillard é a malteação. Os açúcares e aminoácidos produzidos durante a germinação do grão são cozidos no estágio do aquecimento. Assim, quanto mais extensiva a germinação e quanto mais intenso o aquecimento (que chega a torrar o grão, no caso de alguns maltes especiais), mais escura a cor. E não é só isso: o sabor é mais intenso também, pois substâncias que conferem sabor são produzidas na reação de Maillard. Um aquecimento moderado produz agradáveis notas maltadas. Os maltes das cervejas do tipo Ale são aquecidos mais intensamente do que os das Lager, de modo que a Ale tende a ser mais escura e ter sabor mais forte de malte. À medida que o aquecimento se intensifica e se prolonga, passa-se progressivamente pelas notas caramelo e chocolate, chegando a um caráter mais pungente semelhante ao do café. Os maltes escuros em questão fazem parte da mistura de grãos utilizada na fabricação das Porter e das Stout. Assim como acontece com os vinhos, a cor na cerveja pode se originar dos polifenóis. Isso é muito mais importante para as cervejas Lager bem claras, nas quais existem muito menos melanoidinas. Quando os polifenóis são oxidados, eles escurecem – exatamente o mesmo processo que ocorre com as fatias de maçã. Assim, qualquer captura de oxigênio durante o processo da fabricação da cerveja aumentará o risco de formação dessa cor.

Assim como a espuma, a cor da cerveja tem profundo impacto na percepção do sabor. É possível fabricar extratos de malte torrado destituídos de sabor, mas que mantêm uma intensidade de cor capaz de mudar a aparência de uma cerveja, que deixa de parecer do tipo Lager para assumir características das Ale. Nos testes em que as pessoas não podiam ver o produto, não foram relatados efeitos no sabor das cervejas modificadas por esses extratos, mas, quando os bebedores puderam ver sua cor escura, instintivamente descreveram o aroma e o sabor das cervejas do tipo Ale e não as do tipo Lager.

Alguns adjuntos são usados para clarear a cor da cerveja. O maior uso isolado do arroz nos Estados Unidos, por exemplo, é a produção dos produtos Budweiser. Esse uso não está ligado a fatores de custo. O mesmo cuidado e atenção que se observa na seleção do arroz é o que se vê na seleção da cevada e, além disso, o arroz precisa ser cozido antes de ser usado, o que representa um custo adicional de energia. O motivo para usar um adjunto como o arroz é clarear a cor e também suavizar o sabor, retirando algumas características mais pesadas conferidas pelo malte.

Quanto aos verdadeiros determinantes de sabor na cerveja, eles são numerosos. Estima-se que cerca de dois mil componentes estejam presentes na cerveja, ao passo que talvez não mais de mil tenham influência no caráter do vinho. No caso da cerveja, o sabor vem da diversidade dos componentes da mistura de grãos, do lúpulo, da levedura, da água e, no caso de

[VINHOS *VERSUS* CERVEJAS]

cervejas como a Lambic, de outros micro-organismos. E muitos mais além desses: frutas, ervas, especiarias, chocolate, a lista continua. No caso do vinho, só podemos citar a uva, a levedura e alguns outros organismos, além da madeira. Vale lembrar que também há cervejas envelhecidas em barris de madeira.

Em termos de apreciação olfativa, a mesma técnica que se observa no mundo do vinho, fosse ela abertamente aplicada no mundo da cerveja, seria ainda mais relevante. O que se faz é sentir o cheiro das substâncias que ficam no espaço entre a superfície do líquido e a borda do copo. Vários fatores, como a temperatura, influenciam a experiência, de modo que o aroma fica mais evidente à medida que a temperatura sobe. Um fator muito importante, porém, é o teor alcoólico. O álcool tende a reduzir a extensão em que as moléculas invadem o espaço entre o líquido e a borda do copo (*headspace*) – portanto, no caso da maioria das cervejas, tenderá a haver maior preponderância do aroma do que no caso do vinho, pois a maioria das cervejas contém muito menos álcool do que o vinho.

Já detectamos as propriedades desenvolvidas durante o aquecimento e a torrefação do malte. A elas, podemos acrescentar uma molécula conhecida como dimetilsulfeto (DMS), que tem importante papel no aroma de vários alimentos. Os especialistas em análise sensorial costumam descrever seu aroma como semelhante ao de milho norte-americano cozido. Entretanto, essa substância contribui muito para o aroma de produtos marinhos, sejam eles plantas ou animais, como o caranguejo. Ela está presente no *ketchup*, por exemplo. O fato que mais nos interessa aqui é que esse aroma faz parte de muitas cervejas do tipo Lager, principalmente as produzidas segundo técnicas germânicas tradicionais. Alguns fabricantes consideram isso um defeito e tentam evitar sua presença. Outros o apreciam em um nível de baixo a médio. A maioria o odeia em quantidades excessivas.

É benéfico estudarmos a DMS detalhadamente, porque ela ilustra bem a complexidade da malteação e da fabricação da cerveja. É importante atenção também ao controle necessário em diversos estágios do processo para que os níveis de DMS fiquem dentro dos limites desejados. Esse é um exemplo dos esforços feitos pelos maltadores e fabricantes de cerveja para conseguir uma excelência consistente em seus produtos. Não basta apenas deixar a natureza seguir seu curso, escondendo-se sob o escudo de uma "safra".

Os antecessores do DMS são desenvolvidos no processo de elaboração do malte. O mais importante se chama S-metil--metionina, mas vamos chamar essa substância de SMM. Ela é produzida pelo embrião durante a germinação da cevada; portanto, quanto mais germinação ocorrer, mais SMM será produzida. Além disso, diferentes variedades de cevada têm diferentes capacidades de produzir SMM. Outros fatores que influenciam o nível dessa substância são o ambiente, a quantidade de fertilizante à base de nitrogênio colocada no campo durante o cultivo da cevada e seu grau de amadurecimento antes de ser maltada.

O aquecimento decompõe a SMM, de modo que, quando o malte é aquecido, a SMM é decomposta em DMS, que é expelido na corrente de ar do forno. Portanto, quanto maior a intensidade do aquecimento do malte, tanto mais SMM se decompõe e tanto menor é a quantidade mantida no processo de fabricação da cerveja. Assim, maltes destinados para Ale contêm menos SMM do que os usados na fabricação das Lager, porque a SMM representa o "potencial de DMS". No forno, parte do DMS produzido é convertido em dimetilsulfóxido (DMSO).

Na fábrica de cerveja, a SMM é extraída na forma de mosto durante a brassagem, mas é decomposta no estágio de fervura. Quanto mais o mosto for fervido, tanto maior a decomposição de SMM em DMS que, em uma fervura intensa, é expelido. Assim, a duração e a intensidade da fervura são parâmetros muito significativos. Um fabricante que não deseja um excesso de DMS deve ferver o mosto mais intensamente – mas precisa ter cuidado, pois há o risco do desenvolvimento excessivo de cor por meio das reações de Maillard e também do desenvolvimento de sabores de cozimento.

O estágio seguinte é o *whirlpool* – nele, atinge-se calor suficiente para continuar a decomposição da SMM, mas não com a mesma intensidade; portanto, o DMS liberado permanece no mosto. Assim, um cervejeiro que deseja o DMS vai ajustar a fervura para permitir que níveis significativos de SMM sobrevivam no estágio do *whirlpool* e sejam convertidos no nível desejado de DMS.

Em seguida, vem a fermentação e, com ela, a enorme produção de dióxido de carbono. Isso elimina a maior parte do DMS – de modo que o produtor que deseja maior quantidade, deve garantir excesso de DMS no mosto depois de ele passar pelo *whirlpool*. Aqui entra o DMSO. Ele é convertido pela levedura em DMS para suplementar a quantidade surgida ainda na fábrica. Diferentes cepas de levedura produzem diferentes quantidades de DMS. A fermentação a temperaturas mais frias leva a maior produção de DMS. A quantidade de nitrogênio disponível para alimentar o crescimento da levedura determina a quantidade de DMS produzido. Finalmente, algumas bactérias nocivas podem produzir grandes quantidades de DMS a partir do DMSO.

Portanto, em resumo: uma pequena molécula, uma entre as milhares presentes na cerveja, cuja regulação depende igualmente da habilidade e da atenção do produtor rural, do maltador e do cervejeiro. Não há equivalente desse preciso e consciencioso controle do sabor no mundo do vinho. Há um controle mais rigoroso da consistência do produto entregue ao consumidor na produção de cerveja do que do vinho. Na verdade, se houvesse um controle desses no vinho, faria sentido cheirar a rolha e enfiar o nariz no copo? O próprio ato de escolher um vinho colocaria o consumidor no caminho certo, sem necessidade de retorno. As pessoas não abrem frascos de molho de salada ou azeite no supermercado só para verificar se o produto está bom para ser consumido.

A água, bem como outros ingredientes do processo, fornece sais à cerveja e esses sais têm impacto direto no sabor. Por exemplo, afirma-se que o íon cloreto dá um sabor suave à cerveja, ao passo que o sulfato dá um toque de secura. Portanto, os fabricantes controlam esses sabores. E continuamente se certificam de que a água está livre de qualquer impureza.

O lúpulo proporciona amargor e aroma. O nível de amargor depende da variedade do lúpulo, tanto em termos do nível absoluto das resinas, que são as precursoras dos ácidos amargos na cerveja; quanto com respeito ao tipo de resina. Existem três resinas principais e cada uma gera dois ácidos amargos. No total, são seis ácidos – que são diferentes na intensidade do amargor.

A conversão das resinas em ácidos amargos é chamada de isomerização e ocorre tradicionalmente no estágio de fervura. Consequentemente, as condições da fervura, o tempo despendido e o pH do mosto (que é determinado pela mistura de grãos e pela água) influenciam a intensidade do amargor que será gerado. A variedade do lúpulo também exerce um papel importante.

As resinas podem ser extraídas do lúpulo com dióxido de carbono líquido e isomerizado em uma fábrica, fora do processo de produção da cerveja. Nesse caso, elas podem ser acrescentadas à cerveja finalizada para realizar um controle fino do amargor, tanto para gerar um pouco ou todo o amargor, quanto para transformar uma cerveja com pouco amargor em uma cerveja mais amarga. Dependendo da isomerização, há diferentes proporções dos seis ácidos amargos produzidos. Essas proporções, junto com a variedade selecionada, significam que diferentes intensidades de amargor podem ser desenvolvidas em produtos que exibem o mesmo nível total de ácido amargo. Em outras palavras, se existirem duas amostras com concentrações idênticas de ácidos amargos, mas uma que contenha predominantemente os tipos mais amargos, o amargor *percebido* nessa amostra será maior.

Se tudo isso parece complicado, imagine-se o componente oleoso do lúpulo, que proporciona o aroma a muitas cervejas. Existem mais de trezentos tipos diferentes de compostos na fração oleosa e um entendimento muito precário de como os níveis de cada um deles se combinam para proporcionar determinados aromas do lúpulo. A seleção do lúpulo feita por especialistas e a habilidade do fabricante de acrescentar o lúpulo no momento correto são muito importantes. Existem variedades de lúpulo que são especialmente consideradas pela quantidade de óleos que possuem, mas são ainda mais especiais aquelas que podem proporcionar uma extensa gama de aromas. Os óleos são substâncias voláteis, de modo que, se o lúpulo for adicionado no início da fervura, eles são eliminados e nenhum caráter do lúpulo sobrevive. Assim, para a fabricação tradicional das cervejas Lager, uma parte do lúpulo só é acrescentada no final da fervura, permitindo que parte dos óleos permaneça no mosto. Pela ação da levedura, ocorre uma modificação desses compostos, de modo que emerge nessa cerveja um complexo, e ao mesmo tempo delicioso, caráter conhecido como "lúpulo aromático". Para a fabricação tradicional da cerveja do tipo Ale, aplica-se uma técnica ainda mais robusta, chamada *dry hopping*, na qual uma boa quantidade de cones de lúpulo é acrescentada ao produto final antes que ele vá para o barril.

Agora, uma descrição da levedura. Quando metaboliza o mosto, a levedura produz uma diversidade de compostos de sabor. Além do DMS, ela produz algumas outras substâncias que contêm enxofre, entre elas, o dióxido sulfúrico. Ela produz também álcoois e ésteres superiores, que têm sabor frutado, ácidos orgânicos; ácidos graxos e dicetonas vicinais. Estas últimas são, em geral, consideradas desagradáveis na cerveja e precisam ser eliminadas. A principal delas é uma molécula conhecida como diacetil, que exala um cheiro de manteiga misturada com caramelo; essa substância é adicionada à pipoca para produzir um aroma característico. Poucos de nós gostaríamos que nossa cerveja tivesse cheiro de manteiga doce (embora, ao que parece, esse sabor seja aceito e festejado nos vinhos Chardonnay, o que faz que alguns vinhos californianos sejam chamados de "bombas de manteiga"). O diacetil é produzido naturalmente pela levedura durante a fermentação, mas recompensa o fabricante voltando a consumir o diacetil gerado. Entretanto, isso leva tempo, portanto o fabricante se vê obrigado a retardar o esvaziamento do fermentador até que o aroma desagradável seja controlado. Outra fonte de diacetil consiste na ação de organismos deteriorantes, como os que podem habitar as mangueiras pelas quais escoa a cerveja a ser servida.

De fato, há muito pouca diferença entre a gama de compostos de sabor produzidos no vinho e na cerveja durante a fermentação. Nem deveríamos esperar que houvesse, já que o *Saccharomyces* está envolvido nos dois casos. São as condições de fermentação que têm um efeito profundo nos níveis das várias substâncias de sabor produzidas. Entre os fatores estão a temperatura, a pressão hidrostática e a intensidade do mosto (tanto para a cerveja quanto para o vinho). Em geral, os mostos do vinho são mais fortes em seu teor de açúcar do que os da cerveja, e isso tende a levar a um alto nível de produção de ésteres frutados. Mas algumas cervejas são produzidas a partir de mostos extraordinariamente fortes; e não causa surpresa que essas cervejas, que têm um teor alcoólico semelhante ao do vinho, também tenham, às vezes, alguns sabores parecidos com os dos vinhos.

A maioria das cervejas é relativamente ácida, com um pH de cerca de 4. Quanto mais baixo o pH, tanto mais ácido é o produto – e a maioria das cervejas ácidas é produzida na Bélgica, as chamadas Lambic e Gueuze. A alta acidez se deve à ação de vários micro-organismos que cooperam com a levedura no processo de fermentação. Para temperar essa acidez, muitas dessas cervejas recebem o acréscimo de frutas, como cerejas, groselhas pretas, framboesas e pêssegos.

As cervejas de trigo tendem a ter níveis muito altos de ésteres frutados, mas as verdadeiras Weissbier também possuem um caráter picante de cravo, que surge pelo metabolismo das cepas de levedura usadas na produção das mais autênticas cervejas desse gênero.

Assim como os produtores de vinho, os fabricantes de cerveja falam em termos de sensação bucal. Um dos principais elementos que contribuem para esse aspecto é o dióxido de carbono, que interage diretamente com o sistema receptor de dor do nervo trigêmeo proporcionando a sensação de "formigamento". Em contrapartida, o gás nitrogênio, que alguns fabricantes de cerveja utilizam para aumentar a estabilidade da espuma, proporciona maciez às cervejas que o contêm. Alguns acreditam piamente que os polifenóis conferem adstringência e textura à cerveja, assim como fazem ao vinho tinto, mas, embora exatamente as mesmas moléculas estejam presentes, elas tendem a estar em menores quantidades na cerveja do que nos vinhos tintos, o que não se observa nos vinhos brancos.

Antes de deixarmos o tema da qualidade da cerveja, é bom lembrar que, exatamente como acontece com o vinho, o copo em que a bebida é servida é muito importante para sua apresentação em termos de aparência e sabor. Um dos estudos mais abrangentes sobre esse fator foi feito na Bélgica por Guy

Derdelinckx. Ele empregou quinze degustadores treinados para que avaliassem cerca de quatrocentas cervejas em quatro diferentes copos: *thistle* (taças em forma oval, mais largas na base e mais estreitas na borda), cálice, cilíndrico e tulipa. Entre suas conclusões estão as seguintes: uma Pilsen vai melhor em copos cilíndricos, ao passo que uma Trapista, com seu maior teor alcoólico e seu caráter frutado, ficou melhor em cálices com bordas largas ou em taças.

CAPÍTULO 8

TIPOS DE VINHO

[TIPOS DE VINHO]

Os vinhos podem ser classificados de várias formas, ou seja, de acordo com o teor alcoólico, a cor, ou a quantidade de dióxido de carbono que contêm. Entretanto, essa classificação em maior frequência é feita a partir da origem geográfica (Chablis, Bordeaux, Mosel, Chianti, etc.) ou com base na variedade da uva com a qual são produzidos. Como vimos no capítulo 4, o *terroir* e a variedade da uva, bem como uma interação entre os dois, têm vários graus de impacto no produto final. Uma única variedade cultivada em locais diferentes em uma mesma região pode apresentar resultados finais diversos.

No continente americano, é comum os vinhos serem rotulados com base na variedade de uva que entra em sua produção – Chardonnay, Merlot, Pinot Noir, Zinfandel e assim por diante. Para ser classificado dessa forma, o vinho precisa conter mais de 51% da variedade de uva em questão.

Como vimos no capítulo 4, a principal espécie de uva empregada em todo o mundo é a *V. vinifera*. Nessa espécie, estão, por exemplo, as aromáticas Moscatel, outras variedades com seus próprios sabores característicos e algumas sem sabor característico nenhum. Por sua vez, em cada uma dessas classes estão tipos de uva que são adequados para vinhos brancos ou tintos. As Moscatel, com seu aroma característico que se compara à flor de dafne, são mais adequadas para vinhos que acompanham sobremesas.

Outras vinhas da espécie *V. vinifera* com sabores característicos são, no caso dos vinhos tintos, variedades como Cabernet Sauvignon (com notas de pimentão e azeitonas verdes), Merlot (azeitonas verdes), Petite Sirah (com sabor de tanino e frutas), Pinot Noir (hortelã) e Zinfandel (framboesa). Para as uvas de vinho branco, temos Riesling (azedo/frutado/floral), Chardonnay (maçã), Gewürztraminer (picante), Sauvignon Blanc (frutas, ervas) e Sémillon (figos). As variedades de *V. vinifera* sem notas distintivas são úteis para uso em grandes volumes.

Outras espécies que têm algum valor incluem a *V. labrusca*, com suas notas foxadas, e a *V. rotundifolia*, que proporciona notas frutadas bastante fortes. Finalmente, existem as espécies híbridas, que despertam certo interesse pelas variações de sabor que podem proporcionar, notas classificadas como betume, amarga, marroio-branco e Mustang (o nome de uma variedade de uva norte-americana com sabor pungente).

Em uma categorização inicial dos vinhos, podemos dividi-los em vinhos de mesa, que em geral têm teor alcoólico entre 8% e 14% por volume (ABV), e os vinhos de sobremesa ou de aperitivo, com teor alcoólico entre 15% e 21%.

Considerando-se primeiro os vinhos de mesa, eles podem ser subdivididos em tranquilos e carbonatados. Nos Estados Unidos, um vinho espumante é definido como aquele que contém 0,392 g de dióxido de carbono por 100 mℓ de vinho. Isso equivale a uma atmosfera de gás. O Champagne ou os vinhos desse tipo contêm tipicamente mais de quatro atmosferas de dióxido de carbono, ao passo que os vinhos Pearl contêm menos de duas atmosferas. Lá, os vinhos espumantes tendem a atrair uma taxação maior de impostos.

O tipo mais famoso de todos os vinhos espumantes é, sem dúvida, o Champagne. Como a maioria dos vinhos carbonatados, ele é branco. Outro produto famoso é o Muscato Spumante de Asti (a variedade de uva, obviamente, é a Moscatel). Há Champagne rosado e Borgonha espumante. O vinho Verde, da região do Douro (Portugal), passa por uma fermentação malolática na garrafa ou logo antes de ser engarrafado. Consequentemente, um nível significativo de dióxido de carbono pode permanecer nesse vinho.

O desenvolvimento do processo do Champagne (ou método champenoise) é atribuído a Dom Pérignon (1668-1715), um despenseiro do mosteiro Beneditino de Hautvilles, que fica perto de Reims, na França. Foi provavelmente um acaso ligado ao engarrafamento de um vinho não completamente fermentado. Afirma-se que o clérigo teria exclamado: "Venham depressa, estou bebendo estrelas!". O Champagne é feito de uvas Chardonnay e Pinot Noir. O vinho base é conhecido como *cuvée* e é, em geral, relativamente seco. Mistura-se o vinho base com açúcar e levedura para produzir a matriz de condicionamento secundário conhecida como *tirage*.

Em relação aos vinhos tranquilos, a próxima subdivisão é entre produtos secos, suaves e doces. Os dois primeiros tipos são oferecidos nos estilos branco, rosé e tinto, mas os vinhos doces são invariavelmente brancos ou rosé. Alguns vinhos recebem acréscimo de componentes especiais de sabor. Talvez o melhor exemplo seja o Retsina, um vinho branco seco grego produzido em geral a partir da uva savatiano e ao qual se acrescenta resina de pinheiro.

Voltando-nos agora para os vinhos de sobremesa e de aperitivo, mais uma vez podemos ter brancos, rosé e tintos. Entre os brancos, podemos incluir produtos como Muscadet, Angelica e vinhos com aroma de ervas, como o Vermute. Entre os rosados está o Porto Tawny. A maioria dos vinhos do Porto e dos vinhos Xerez é tinta, mas existem versões brancas de ambos. Também o Dubonnet – um aperitivo "doce-amaro" fortificado e à base de vinho, aromatizado com quinino e ervas – encontra-se principalmente disponível na versão tinto, embora também exista o branco.

Angelica é um vinho batizado em homenagem a Los Angeles, na Califórnia. Esses vinhos tendem a ser frutados e muito doces, em virtude de uma grande quantidade de açúcar residual. São tipicamente feitos a partir de uvas Moscatel e Missão e seu álcool é enriquecido a uma razão de 10% a 15% pela adição de *brandy*.

O Porto branco é semelhante, mas com menor teor de açúcar, menos cor e menos aroma. É produzido da mesma forma que o Porto tinto, mas a partir de uvas brancas.

O Moscatel é um vinho doce feito a partir da uva de mesmo nome europeia. Esses vinhos são muito saborosos e têm cor de ouro velho. Vinhos brancos de sobremesa (excetuando-se o Moscatel, que pode ser envelhecido por até três anos em carvalho) devem ser consumidos logo após o envase, pois não se destinam a ser armazenados.

[TIPOS DE VINHO]

O Tokay californiano é um vinho rosé de sobremesa que não tem relação com o famoso vinho húngaro de mesmo nome. É produzido por meio da mistura do Porto Ruby, do Xerez californiano e do Angelica.

O Vermute é um vinho branco fortificado e possui as versões doce (tinto) e seco (branco), tem como base a uva Moscatel. É um vinho aromatizado com mais de cinquenta ervas, cascas de árvore (originalmente, absinto) e especiarias que são mergulhadas na bebida antes de ela ir para a fase de envelhecimento – quando, então, as especiarias são retiradas.

Os principais vinhos fortificados são o Xerez, originário da Espanha, o Porto, de Portugal e o Madeira, do arquipélago português de Madeira, que fica a 600 quilômetros da costa norte da África. A fortificação é uma técnica que se originou porque o solo e o clima locais não eram adequados para a produção de uvas de excelência inerente. O enriquecimento com álcool também proporciona proteção contra infecções por micro-organismos. O Xerez e o Madeira são fortificados usando-se o álcool continuamente destilado a partir do vinho. A fortificação do Porto é feita com aguardente de vinho.

O Xerez é feito apenas a partir de uvas brancas, mas o Porto e o Madeira podem ser produzidos a partir de uvas tintas ou brancas. Os vinhos que entram na composição do Xerez tendem a ser secos e a fortificação ocorre após a fermentação. Qualquer aumento da doçura é feito por meio da adição de produtos derivados da uva durante os tratamentos finais, em geral, de vinhos que foram fortificados no início da fermentação. Quando o álcool é acrescentado no início da fermentação, ocorre uma supressão da atividade da levedura e, consequentemente, os açúcares sobrevivem.

O Porto é fortificado no meio do processo, pela fermentação primária e, por isso, tende a ser mais doce que o Xerez, porque nele sobrevivem açúcares não fermentados. O Madeira pode ser fortificado em qualquer ponto do processo, dependendo da doçura que se pretende que o produto atinja.

Muitas das características dos vinhos usados na produção do Xerez derivam de seu envelhecimento em barris de carvalho, mas a tecnologia da "levedura de véu", ou "levedura de flor" (ver o capítulo 4), também pode ter seu papel. Em contrapartida, as características das uvas são muito importantes para os vinhos que formam a base do Porto, especialmente os tintos. Muito do caráter do Madeira se desenvolve do processo de "estufagem", que visa ao aquecimento do produto.

Vinhos do tipo Xerez jovens e não envelhecidos são classificados como finos e olorosos, dependendo de suas características. Os finos são secos, leves e de um dourado claro, em geral, não são adoçados e têm teor alcoólico entre 15,5% e 17%. São amadurecidos sob a levedura de flor por um período que se estende de três a oito anos. Os olorosos, amadurecidos sem a levedura de flor, são vinhos de um tom marrom escuro com aromas fortes, geralmente adoçados e com teor alcoólico de até 21%. Os níveis mais altos de polifenólicos nesses vinhos suprimem o desenvolvimento da levedura de flor.

Os vinhos tipo Xerez recém-fermentados são deixados durante um ano repousando para que amadureçam sem que se faça qualquer mistura. Então, eles passam por um processo de mistura (o sistema de "solera"), no qual o objetivo é conferir consistência ao produto. Nesse sistema, os barris de vinhos mais velhos são progressivamente preenchidos com vinhos mais

[TIPOS DE VINHO]

novos. Um Xerez deve ser envelhecido no mínimo por três anos antes de ser vendido. Durante o envelhecimento, a levedura de flor impede que o ar entre em contato com a bebida, de modo a evitar a deterioração por micro-organismos e o escurecimento oxidativo, ao contrário dos vinhos olorosos, que não passam pelo processo de levedura de flor. O Xerez Amontillado é produzido com uma maturação inicial com levedura de flor e, em seguida, passa por um processo de envelhecimento sem a presença dessa levedura, no qual as reações de oxidação contribuem de forma decisiva para o caráter. Esse vinho também é adoçado.

Os vinhos tintos que compõem o Porto Ruby são envelhecidos de três a cinco anos em madeira. Os usados na fabricação do Porto Tawny passam por envelhecimento superior a trinta anos. Os Porto Vintage são feitos de vinhos de uma única safra que seja julgada de qualidade excepcional. Passam, então, por envelhecimento em barris de madeira durante dois ou três anos. O processo se completa na garrafa por, no mínimo, dez anos. Os Porto são misturados, principalmente os do tipo Ruby.

Na maioria das vezes, envelhecem-se os Madeira em barris. Os Madeira Vintage devem vir de apenas uma variedade de uva, de uma única safra, e precisam ser envelhecidos durante mais de vinte anos em madeira além de pelo menos dois anos na garrafa. A mistura dos Madeira é uma versão simplificada do sistema de mistura dos vinhos do Porto.

O vinho Marsala, da Sicília, foi importado por comerciantes de vinho ingleses no final do século XVIII em substituição ao Xerez. Os vinhos brancos secos são misturados com suco de uva e fortificados até um grau de 18% a 19% antes do processo de envelhecimento em barris de carvalho e de mistura pelo processo de solera.

A sangria espanhola não é um tipo de vinho, mas um drinque de tom vermelho-vivo, daí seu nome. Misturam-se vinho tinto, suco de fruta, água gaseificada, frutas e, em algumas receitas, licores, *brandy* ou conhaque. A sangria branca é preparada com vinho branco.

Um *tour* de vinhos por vários países

Vinhos como o Xerez e o Porto têm uma procedência nacional muito bem definida, apesar disso, eles também são produzidos em países muitos distantes de sua origem. Assim, por exemplo, existem vinhos tipo Xerez provenientes da Califórnia e da África do Sul.

No entanto, os estilos mais comuns de vinho são, sem dúvida, os vinhos de mesa ou, se me permitem a audácia de dizê-lo, os tintos, brancos e rosé comuns. Como já vimos, eles podem ser classificados de acordo com a variedade da uva, como no caso, por exemplo, do continente americano. Da mesma forma, podem ser classificados por país. Então, agora faremos um passeio pelo mundo dos vinhos, sem esquecer que o que vem a seguir não pretende ser uma apresentação exaustiva, mas apenas uma indicação das variedades existentes. De início, é importante saber que diversos países produzem vinho; na verdade, é quase mais fácil indicar aqueles que não o produzem. Meu foco será nos principais produtores.

[TIPOS DE VINHO]

Londres é citada como capital do vinho, apesar de o Reino Unido ser muito mais uma terra da cerveja e a Inglaterra raramente receber elogios pelos vinhos que produz. Talvez isso não tenha fundamento: os produtores de Champagne estão ativamente cortejando as vinícolas de Sussex, que fica a menos de 150 quilômetros, e é, em média, apenas 1 °C mais fria e tem o mesmo solo rico em calcário da clássica região de Champagne. Separando as duas regiões existe apenas o canal da Mancha.

Há vinhos em todas as partes da França, com exceção do extremo norte. Os vinhos franceses exibem com orgulho sua qualidade em seus rótulos, na forma, principalmente, da *appellation d'origine contrôlée* (denominação de origem controlada) e do *vin délimité de qualité supérieure* (vinho delimitado de qualidade superior), descritores que expressam a linhagem da bebida e sua produção sob condições estritamente estabelecidas. Certas leis exigem que sejam empregadas práticas tradicionais (semelhante ao que acontece com a lei da pureza da cerveja na Baviera, a Reinheitsgebot). Por exemplo, devem ser usados somente os cultivares adequados para dada região. Todas as uvas que entram na fabricação do Champagne devem ser esmagadas quando ainda estão no cacho e precisam ter sido colhidas manualmente. A lista continua.

Existe uma feroz proteção dos nomes de acordo com as regiões da França. A Alsácia já pertenceu à Alemanha, e isso se reflete nos estilos de vinho dessa região. Assim como acontece na Califórnia, os rótulos dos vinhos da Alsácia indicam as variedades de uva. Essa região é relativamente fria e seus vinhos mais festejados são alguns dos Riesling e Gewürztraminer.

[VINHOS *VERSUS* CERVEJAS]

A Borgonha é famosa por seus vinhos da região de Chablis, sendo a Chardonnay a uva preferida. Em virtude de condições de cultivo menos adequadas, os vinhos têm uma acidez pronunciada que, segundo se afirma, casa bem com os sabores de peixes e frutos do mar. Outras regiões da Borgonha incluem a Côte d'Or, onde as uvas são cultivadas em encostas bem drenadas. Ali, ao que parece, as Chardonnay são as melhores para os vinhos brancos, e as Pinot Noir, as preferidas para os vinhos tintos. Na região de Beaujolais, a variedade preferida é a Gamay, uma uva de maturação precoce que produz tintos bastante frutados. A técnica da *maceration carbonique* que comentamos no capítulo 4 é encontrada na produção do Beaujolais Nouveau.

Vamos agora para o rio Ródano e os tintos de alta qualidade da região próxima a Avignon, chamada Châteauneuf-du-Pape. E dali para Bordeaux, famosa por seus claretes tão amados na Inglaterra desde a época do casamento do futuro Henrique II com Leonor da Aquitânia. Entre os nomes notáveis estão o tinto Médoc, o branco Graves e o branco doce Sauternes. Finalmente, vamos nos dirigir ao rio Líger e à uva Sauvignon Blanc de Sancerre, e vinhos de Vouvray, alguns dos quais são ligeiramente espumantes (*pétillants*).

Os vinhos alemães são em geral mais leves, com teor alcoólico entre 9% e 11%. As uvas tendem a ser cultivadas em locais mais frios, o que leva a maior acidez natural. Assim, são aplicadas técnicas de redução de acidez, como a redução malolática, e muitas vezes se adiciona suco de uva ou açúcar aos mostos. Alguns vinhos notáveis são os da região do Reno, a oeste de Frankfurt, e da região mais a oeste, conhecida como Moselle.

[TIPOS DE VINHO]

A palavra para qualidade nos vinhos alemães é *Qualitätswein*. A denominação *Qualitätswein mit Prädikat* indica a mais alta qualidade.

O vinho mais conhecido de Portugal é o Verde, da região do Minho, ao norte da cidade do Porto. As uvas são cultivadas em árvores e pérgolas, o que significa que elas não amadurecem em larga escala e são muito ácidas, e têm pouco açúcar. Isso torna essencial a fermentação malolática e, como ela continua na garrafa, ocorre uma carbonatação significativa. O conteúdo alcoólico é inferior a 10%.

Na Espanha, os tintos de Rioja são notáveis, ao passo que, na Itália, as regiões mais conhecidas são Piemonte, Lombardia e Toscana. A Toscana é famosa por seus Chianti, especialmente os tintos.

A Austrália desenvolve uma indústria de vinho desde o século XVIII em cada uma de suas regiões: Austrália Meridional, Austrália Ocidental, Nova Gales do Sul e Vitória. A indústria do vinho da Nova Zelândia é muito menor. Vários países da América do Sul produzem vinho, principalmente o Chile.

E agora, a América do Norte, região sobre a qual os leitores vão permitir que eu me alongue um pouco mais, dada a proveniência deste livro. A uva há muito tempo cresce em estado selvagem no vale do Mississípi, com as vinhas subindo nas árvores e produzindo bagos pequenos e com muitas sementes, com baixo teor de açúcar, alta acidez e caracterizados por um sabor foxado. A principal variedade nativa é a Concord, que cresce vigorosa.

Os primeiros colonizadores trouxeram variedades melhores para o Novo Mundo, mas elas não prosperavam nos rigorosos invernos e nos úmidos verões, e estes levavam a infecções por míldio. Em seguida, veio a devastação pela filoxera.

As videiras chegaram à Califórnia com os primeiros missionários da Baixa Califórnia em 1769. A variedade era a Criolla, mas, posteriormente, ela foi batizada de Missão em homenagem aos missionários itinerantes.

Os primeiros europeus a chegar à Califórnia, antes da Corrida do Ouro, fixaram-se na região de Los Angeles. Foi Jean Louis Vignes quem levou a *V. vinifera* da França.

O viticultor húngaro Agoston Haraszthy (1812-1869) mudou-se de San Diego para o vale de Sonoma a fim de fundar a vinícola Buena Vista em 1857. Durante um período de doze meses, Haraszthy publicou um panfleto sobre enologia e o cultivo de uvas para vinho. E conseguiu, então, persuadir o governador da Califórnia, J. G. Downey, a patrocinar uma visita à Europa, ocasião em que foram trazidas 200 mil estacas de videiras.

As primeiras vinícolas da Califórnia foram cultivadas por John Sutter, general Mariano G. Vallejo, J. H. Drummond (militar britânico aposentado), C. H. Wente, Charles Krug e Gustave Niebaum, capitão do mar finlandês que implementou a fabricação do vinho no Napa Valley por meio da Inglenook Winery. Logo se percebeu que os melhores vinhos da Califórnia vinham das regiões costeiras mais frescas, Napa, Sonoma e Santa Bárbara. No entanto, alguns vinhos esplêndidos vêm do Central Valley.

É interessante examinar algumas especificidades da indústria do vinho da Califórnia. Garrafas vendidas no varejo por menos de oito dólares representam 75% do volume total, mas

[TIPOS DE VINHO]

menos de 40% da receita. Os vinhos que custam mais de 15 dólares por garrafa correspondem a apenas 10% do volume total, mas geram uma receita semelhante – e, provavelmente, metade da margem total de lucros brutos.

Temperaturas ideais para servir vinhos

É mais adequado servir vinhos mais encorpados a temperaturas relativamente mais altas. Assim, um vinho tinto deve ser servido a uma temperatura entre 18 °C e 20 °C; um vinho branco, a 13 °C, e um espumante, a 10 °C. Antes de ser servidos, os vinhos devem ser estocados em adegas com temperatura entre 13 °C e 16 °C, com as garrafas deitadas para evitar bolhas de ar adjacentes à rolha.

CAPÍTULO 9

TIPOS DE CERVEJA

[TIPOS DE CERVEJA]

Não existe motivo nenhum para que os fabricantes de cerveja não reforcem as boas qualidades das variedades de grão e lúpulo ao anunciarem seus produtos. Atualmente, isso raramente acontece. Por exemplo, um cervejeiro pode se gabar porque utiliza lúpulo de determinada procedência, talvez Tettnang ou Hersbrucker nas cervejas tipo Lager alemãs ou Fuggles nas Ale inglesas. Certamente, isso poderia ser feito com mais frequência. O caráter único de um lúpulo aromático não é menos especial ou singular que as notas associadas a determinada variedade de uva. Portanto, assim como o vinicultor pode comparar uvas Pinot Noir, Chardonnay e Zinfandel cultivadas por diferentes produtores, os cervejeiros poderiam, com a mesma sofisticação e paixão, debater sobre os méritos de diferentes cervejas comparando as variedades Saaz ou Challenger ou Cascade.

Mas a verdade é que eles não fazem isso. Os produtores de cerveja preferem caracterizar seu produto com base no tipo de grão, na fermentação do mosto, na intensidade, na cor e na técnica de fabricação.

Para estabelecer uma definição fundamental, descreveremos as Ale e as Lager. As primeiras têm uma tradição mais antiga. Há muito tempo, a palavra *ale* era usada para descrever produtos não lupulados. Hoje, praticamente todas as Ale são lupuladas. Uma de suas características clássicas é ser produzida com levedura de fermentação alta, ou seja, uma levedura que sobe à superfície do recipiente durante a fermentação. A fermentação acontece a uma temperatura relativamente alta, entre 16 °C e 20 °C, que produz altos níveis de ésteres (sabores frutados). Classicamente, a cevada germinava bastante durante a malteação e, depois, era seca em altas temperaturas, condições que geravam uma cor rica e aromas pronunciadamente maltados e caramelados. Finalmente, adicionava-se uma pequena proporção do lúpulo à cerveja fermentada, conferindo à bebida um aroma robusto e seco de lúpulo. Este é o chamado malte bem modificado.

Os maltes para as cervejas do tipo Lager são menos modificados e aquecidos a temperaturas mais amenas. Assim, essas bebidas são mais suaves, tanto no sabor quanto na cor. Tipicamente, a levedura usada na fabricação da Lager é a de fermentação baixa. Ou seja, ela afunda para a base do tanque ao final da fermentação, o que tende a ocorrer a uma temperatura relativamente baixa (cerca de 6-12 °C), na qual a levedura produz menos ésteres e maior quantidade de voláteis contendo enxofre. O método clássico de lupulagem é reservar parte do lúpulo para ser adicionado mais tarde, na panela de fervura, permitindo assim que alguns dos óleos essenciais se conservem e proporcionem, talvez modificados pela ação da levedura, um aroma remanescente de lúpulo na cerveja.

[TIPOS DE CERVEJA]

Ale

Quando se discute a cerveja do tipo Ale, em geral, pensa-se na Inglaterra. Embora os últimos quarenta anos tenham sido caracterizados por uma mudança na direção da preferência pelas cervejas Lager nas Ilhas Britânicas, é ainda a Ale que figura como o estilo de cerveja tradicional da Inglaterra e do País de Gales. A Escócia acolheu as Lager há muito mais tempo que a Inglaterra, e marcas como a Tennent's datam de 1885.

A clássica Pale Ale inglesa tende a ter cor de cobre e exibir excelente equilíbrio de notas maltadas e lupuladas. Nenhum dos dois tipos de aroma é forte demais, tampouco o nível de amargor. Essas cervejas tendem a ter evidentes notas frutadas e teor alcoólico entre 4,5% e 5% (mosto de 11 °Plato a 14 °Plato). Quando é servida em barris, que tradicionalmente têm uma bomba manual, a Pale Ale leva o nome de *bitter*.[1] Os níveis de carbonatação são relativamente baixos (talvez 1,2 volumes, em comparação aos 2,2 volumes que podem estar presentes na versão da mesma cerveja quando acondicionada em barris pressurizados, ou os 2,6 volumes dessa bebida quando engarrafada ou enlatada). Além disso, o teor alcoólico da versão chope pode ser um pouco mais baixo. Alguns fabricantes vendem essas bebidas de baixa carbonatação em lata para consumo doméstico. Para promover a formação de espuma, na falta da bomba do barril convencional, eles muitas vezes recorrem a uma cápsula propulsora de nitrogênio. Tal procedimento estraga a autenticidade do produto, em especial seu caráter

---

[1] Neste caso, o termo se refere à maneira tradicional de fazer o pedido nos *pubs*, e não ao estilo Bitter Ale (N. R. T.)

[VINHOS *VERSUS* CERVEJAS]

lupulado, principalmente porque a cerveja precisa ser mantida a uma temperatura de refrigeração excessivamente baixa para que não espirre quando o recipiente for aberto.

As Ale escocesas tendem a ser mais doces e a ter um sabor mais caramelado do que as inglesas, sendo divididas em leves e pesadas, dependendo de sua intensidade alcoólica (2,8% a 3,5% *versus* 3,5% a 4%). Deve-se notar que aqui o termo "leve" (*light*, em inglês) não tem nada que ver com a cerveja *light*, às vezes grafada na forma *lite*, norte-americana. Na *light* norte-americana, o termo significa menos carboidratos e não menos álcool. Não causa, então, surpresa o fato de as cervejas *light* não terem obtido sucesso no Reino Unido, ao passo que são as mais vendidas atualmente nos Estados Unidos.

A Ale inglesa clássica é, sem dúvida, a India Pale Ale (IPA). O gênero é caracterizado pelo forte sabor amargo, que denuncia a presença do lúpulo, e um teor alcoólico mais alto (5% a 7%) do que as Pale Ale "normais". A primeira IPA foi fabricada por George Hodgson em 1822, perto de St. Mary le Bow, na região leste de Londres. Os cervejeiros sediados em Burton já tinham estabelecido um lucrativo comércio com os países bálticos, expedindo sua cerveja em embarcações da empresa Trent Navigation pelo estuário Humber e, em seguida, pelo mar do Norte por Kingston-upon-Hull. Mas o bloqueio de Napoleão e uma pesada tarifação russa sobre os produtos importados fizeram os negócios desandarem. Foram a Allsopp's de Burton, seguida pela Bass, que realmente dominaram o comércio. Naquele tempo, anterior a Pasteur, a real preocupação era com a preservação da cerveja, por isso o teor alcoólico muito alto e o impressionante amargor. Embora algumas cervejas fossem transportadas em garrafas, a maior parte da bebida era vendida para a Índia em barris, para ser engarrafada no local de destino. Os ácidos amargos do lúpulo não liquidam todos os micro-organismos, e o mais próspero habitante daqueles barris que eram jogados de um lado para o outro pelas ondas do oceano era o *Brettanomyces*. As notas típicas por ele produzidas são de "curral" e "xixi de rato". Felizmente, as IPAs dos nossos dias não têm esse toque de autenticidade, embora exista pelo menos um fabricante da Califórnia que insiste em valorizar a ação dessa levedura.

Saindo de moda agora na Inglaterra estão as Mild Ale, que são bebidas muito maltadas, com pouco lúpulo e relativamente baixo teor alcoólico (3,2% a 4%). Algumas Mild são muito claras em aparência, outras se mostram mais escuras, de um castanho rico, e, nesse caso, as versões engarrafadas são chamadas Brown Ale. A Old Ale lembra a Mild Ale, mas é mais alcoólica (6% a 9%) e envelhecida sobre a levedura em um tanque da fábrica ou na garrafa (condicionada na garrafa).

As Porter e Stout também são Ale. A Porter nasceu em 1722 e conquistou as camadas mais baixas da população londrina, em franca expansão. É filha da era industrial e pressagiou o surgimento das primeiras megacervejarias. A Porter surgiu como uma concorrente para as Ale que estavam chegando à metrópole, vindas de cidades como Burton-upon-Trent, mas seu estilo foi também moldado pelas leis tributárias daqueles dias distantes. Cobravam-se impostos com base nas matérias-primas, e não no teor alcoólico do mosto ou da cerveja. Os maltes mais escuros aquecidos a lenha não taxada eram mais baratos que os maltes mais claros, que sofriam tributação

[VINHOS *VERSUS* CERVEJAS]

mais pesada por ser curados a carvão, o que atraía a atenção das autoridades devido ao impacto insalubre da queima desse combustível em ambientes urbanos. Assim, a cerveja feita a partir de maltes mais claros atingia duas vezes o preço, 2 *pence*. Pessoas mais ricas podiam comprar Ale – e se deliciavam com sua aparência, apreciada por meio dos novos recipientes de vidro nos quais eram bebidas. Enquanto isso, os fabricantes londrinos de cerveja produziam bebidas acessíveis aos operários da indústria, trazendo as Porter para os mercados urbanos, fabricando grandes quantidades de cerveja a partir de maltes escuros menos refinados.

Alguns afirmam que a água de Londres era bicarbonatada demais para ser a base de Pale Ale decentes. Mas essa água era boa para as bebidas mais escuras, que toleravam os mais altos graus de extração de malte e lúpulo, que ocorriam em condições menos ácidas. Nas bebidas muito escuras, amargas e altamente aromáticas, milhares de pecados podiam ser disfarçados! Portanto, os fabricantes de Porter eram menos rigorosos em suas exigências dos melhores maltes e lúpulos. É claro que se adicionava muito lúpulo (que não era muito taxado), tornando a Porter muito resistente à deterioração – e o teor alcoólico relativamente alto (acreditamos que fosse por volta de 7%) impediria ainda em maior medida a ação de micro--organismos nocivos.

Essa robustez significava que a cerveja podia ser fabricada em recipientes cada vez maiores, com as consequentes economias de escala. O envelhecimento da cerveja em grandes tanques (o tanque da Meux Horse Shoe Brewery que, segundo a lenda, explodiu em 1814, supostamente comportava 5.500

hectolitros) eliminava as notas mais ásperas e permitia alguma clarificação, mas a clareza, realmente, não era uma preocupação para o operário médio das fábricas da Londres dos séculos XVIII e XIX.

O advento do sacarímetro de Combrune, em 1762, significou que os produtores de cerveja passaram, a partir dessa época, a constatar um rendimento muito maior do extrato derivado dos maltes mais claros. Daí a mudança do malte marrom para uma combinação de maltes claros e pretos que passou a ser produzida no cilindro de secagem de Daniel Wheeler. A cor final da cerveja mudou de marrom para preta. E as variedades extra *dark* (e mais fortes) eram, sem dúvida nenhuma, Extra Stout Porter, que, hoje, são simplesmente chamadas de Stout.

As Porter atualmente variam de cor, indo de um marrom médio até o preto. Elas podem ter notas torradas definidas, mas não exageradas, sempre mantendo um substancial caráter maltado e doce, sem sabores excessivos de amargo ou lúpulo. O teor alcoólico fica em geral entre 4,5% e 6,5%.

As grandes Stout irlandesas apresentam notas muito mais torradas, ásperas e com sabor de café. São mais amargas que as Porter, mas tendem a ter aroma menos lupulado. Podem ser ligeiramente láticas em virtude de uma deliberada tolerância das bactérias ao ácido lático. O teor alcoólico tem uma variação maior, podendo ir de 3,8% a 7,5% (nos casos do tipo "exportação"). Em decorrência da utilização do gás nitrogênio, a espuma é rica e branca e o nitrogênio tem o poder de eliminar um pouco da aspereza que surge do grão moído.

As Stout inglesas possuem um caráter bem diferente. As Imperial Stout podem variar em sua cor, indo do marrom escuro ao preto, e o teor alcoólico fica entre 7% e 12%. São muito maltadas, mas não apresentam caráter excessivamente torrado. São frutadas, lupuladas e muito amargas.

Meu filho tem 30 anos. A mãe dele ainda lembra com carinho a época em que, dias após o parto, ela recarregava suas baterias na maternidade com Stout doce, algumas vezes chamadas de "Stout de leite", não porque a bebida tenha a capacidade de promover a lactação na puérpera (embora muitos acreditem que sim),[2] mas por causa da lactose derivada do soro de leite que é empregada na fabricação da bebida desde 1669. A lactose é naturalmente deixada em paz pelas leveduras dos cervejeiros e tem apenas um quinto da doçura da sacarose. Além de sua modesta contribuição para o sabor adocicado, a lactose também proporciona corpo. Essas cervejas são maltadas, mas não torradas, e apresentam amargor e teor alcoólico relativamente baixos.

Na Stout de aveia, cerca de 5% do grão moído consiste em aveia processada por meio de rolos aquecidos junto com alguns dos adjuntos intensamente torrados usados na produção das Stout irlandesas. Essas cervejas deixam certa sensação de secura na garganta.

As cervejas mais fortes da Inglaterra são as *barley wines* (literalmente, "vinhos de cevada"), que podem atingir teor alcoólico de 12%. Como o mosto é extremamente forte, a levedura tende a produzir níveis muito altos de ésteres frutados e álcoois, que conferem à bebida um caráter de vinho. Essas tendem a ser as principais características dessas cervejas, embora elas apresentem também algumas notas de caramelo e lúpulo.

---

[2] No Brasil, tal crença foi associada à Malzbier. (N. R. T.)

[TIPOS DE CERVEJA]

Os irlandeses têm Ale vermelhas, que são parecidas com as Pale Ale inglesas, embora tenham mais ésteres e menos lúpulo e, é claro, uma distintiva coloração vermelha, resultante do processo de aquecimento do malte. Na Alemanha, as Ale antecederam as Lager e ainda hoje permanecem alguns tipos significativos de Ale.

A Alt ("velha") é uma Ale muito lupulada, acobreada ou marrom. É amarga, porém revigorante, e provém da região de Düsseldorf. A Kolsch, de Colônia, é uma bebida parecida, mais clara e menos lupulada. Ambas contêm teor alcoólico entre 4,5% e 5%.

As mais notáveis entre as Ale alemãs são as cervejas de trigo. Talvez as mais conhecidas sejam as Weissbier (Weizenbier) da Baviera, servidas em copos altos em formato de tulipa e rigorosamente *sem* uma fatia de limão, apesar do que acreditam alguns na América do Norte. Esses líquidos, notadamente turvos e com cor de palha, caracterizam-se por alta carbonatação, distinto sabor frutado e aroma semelhante ao do cravo. São tradicionalmente servidos pela manhã, como acompanhamento para salsicha branca, mostarda doce e um gigantesco *pretzel* (ou *brezel*, em alemão). As leis alemãs estabelecem que o grão moído deve ser composto de, pelo menos, 50% de trigo maltado, e não de trigo cru. O limite superior costuma ficar em torno de 70%, por conta das dificuldades de filtração de um cereal com menos casca. Essa bebida tem sido a base da alimentação da Baviera desde o século XV, quando era chamada de *weissbier* ("cerveja branca") em virtude de sua tonalidade bem mais clara em comparação com as Ale mais escuras (que eram a cerveja típica naquela região há mais de quinhentos anos).

Afirma-se que essa é a cerveja mais saudável. As Hefe Weizens (*hefe* = "levedura"; *weizen* = "trigo") são carregadas com levedura (fonte de vitaminas). E são refrescantes como qualquer água gasosa – essas cervejas tradicionalmente contêm de 3 a 5 volumes de dióxido de carbono.

Na verdade, as cervejas de trigo correspondem atualmente a cerca de um quarto de todas as cervejas produzidas na Baviera – algo semelhante à produção da Pilsen. Assim como acontece com as outras Ale, as altas temperaturas e os recipientes abertos estimulam a produção de ésteres.

Na Alemanha, é ilegal usar cepas para fermentação baixa na produção da Weizenbier – e, portanto, não existem Lager de trigo, no senso mais estrito do termo. A Hefe Weizen é o tipo mais popular de cerveja de trigo. Além do aroma de cravo, essa bebida também tende a ter um forte caráter de ésteres, mas não é muito amarga e seu teor alcoólico fica entre 5% e 5,5%. A Kristall Weizen é o equivalente claro, semelhante à Hefe Weizen, a não ser pelo fato de conter em geral 1% menos de álcool por volume e sua cor ser clara devido ao emprego dos maltes mais claros. Contrariamente às Hefe Weizen, que são acondicionadas em garrafas, as Kristall Weizen são acondicionadas em grandes recipientes pressurizados antes do resfriamento e da filtração.

A Dunkel Weizenbier é semelhante à Hefe Weizen, a não ser pelo fato de incorporar no grão moído maltes altamente torrados, embora a cor também possa ser enriquecida com o uso da Farbebier.[3] A Weizenbock possui teor alcoólico de 7% a

---

[3] Trata-se de um corante produzido a partir de malte de cevada e, de certa forma, semelhante à cerveja – embora nunca seja consumido diretamente. O fato de ser elaborado apenas com malte faz que seja aceito pela Reinheitsgebot (a Lei da Pureza da Cerveja). (N. R. T.)

[TIPOS DE CERVEJA]

8%, e no extremo oposto está a Leichtes Weissbier, que é feita de um malte de baixa intensidade e desenvolve teor alcoólico de 3% a 3,5%.

As tropas de Napoleão que saquearam o norte da Alemanha no início do século XIX chamavam a Berliner Weisse local de "Champagne do norte". Essa é uma bebida completamente diferente das cervejas de trigo da Baviera. O teor alcoólico é ainda mais baixo que o da Leichtes Weissbier, ficando em torno de 2% a 3%, e o pH é muito inferior (entre 3,2 e 3,4) por causa da fermentação lática simultânea. Acredita-se que esse tipo de cerveja atinja seu auge depois de envelhecida por, no mínimo, dezoito meses. É considerada estupendamente refrescante nos meses de verão – bebida em copos em forma de copa (em oposição aos copos altos da Weizenbier) –, e sua acidez é suavizada com essência de aspérula, doses de alcaravia e xarope de framboesa.

Os belgas têm suas próprias cervejas de trigo (Witbeer para os falantes do flamengo, Biere Blanche para os que falam francês), que são muito claras, feitas com trigo não maltado e que recebem sabor de cascas de laranjas doces e amargas e coentro. São acondicionadas em garrafas e são muito turvas. O teor alcoólico fica por volta de 5% e seu amargor é relativamente baixo.

Em nenhum outro lugar do mundo se aprecia tanto a diversidade das cervejas quanto na Bélgica, cada uma com seu próprio copo. A Ale de Flandres (Oud Bruin ou Oud Red) é uma bebida com um rico tom castanho, muito azeda, picante e frutada. Algumas dessas Ale têm característica amadeirada. Todas elas possuem leve toque de amargor e teor alcoólico de

5% em média. A Dubbel é uma cerveja mais maltada, mais doce, que contém notas de castanha e pode atingir o teor de 6%, ao passo que a Tripel é picante, frutada, muito clara e com teor alcoólico de até 8%. Especialmente famosas são as cervejas produzidas pelas seis cervejarias trapistas de Westmalle, Westvleteren, Chimay, Rochefort, Orval e Achel que, em conjunto, produzem cerca de vinte Ale muito fortes, acondicionadas em garrafas.

Na Bélgica, as cervejas de mesa, que contêm entre 0,5% e 3,5% de álcool, são tradicionalmente consumidas durante as refeições por todos os membros da família. Elas possuem corpo leve, baixa carbonatação e pouco amargor, sendo relativamente doces e suaves.

Saison é um estilo de cerveja associado com as cervejarias artesanais menores e é por vezes chamada de "cerveja do campo", pois é a bebida tradicional dos agricultores. Além do lúpulo, outras especiarias podem ser utilizadas nessa cerveja cujas versões podem ir da bebida muito clara até a de cor castanha, e seu teor alcoólico pode variar dos 4,5% até os 9%, o que indica como é difícil definir com precisão um produto dessa natureza.

Existem muitas outras Ale claras e fortes, cujo teor alcoólico pode chegar a 11%, mas nenhuma cerveja é mais peculiar à Bélgica que os tipos Lambic e Gueuze, que tradicionalmente são produzidos na região de Bruxelas (capital do país) em que o francês é a língua principal – caso provenha de outro lugar, essa cerveja deve ser chamada de cerveja ao estilo Lambic ou ao estilo Gueuze. *Lambic* é uma palavra francesa que corresponde ao termo flamengo *lambiek*. Mais uma vez, aqui, temos uma cerveja feita cerca de 40% de trigo moído, em sua forma não maltada, mas esse não é o grande desafio desse tipo de cerveja. A dificuldade vem da complexidade da fermentação, com sua enorme variedade de micro-organismos agentes. *Saccharomyces* de vários tipos são auxiliados e estimulados por tipos como *Pediococcus, Lactobacillus, Brettanomyces, Candida, Hansenula, Pichia* e ninguém sabe ao certo quais outros companheiros. O resultado é uma cerveja de genuína complexidade e sabores parecidos com "baixeiro de cavalo molhado" e "xixi de rato", além de profunda acidez. Essas cervejas são ainda mais complexas quando resultam da mistura de fermentos novos e fermentos velhos e são acompanhadas por mais uma fermentação em garrafa (*Gueuze*). Portanto, e de forma semelhante ao que acontece com a Berliner Weisse, há nessas variedades a introdução de frutas – cerejas para Kriek, framboesas para Framboise, pêssegos para Peche e groselhas pretas para Cassis.

Lager

Até o século XVI, todas as cervejas alemãs eram Ale. Além disso, a Lager como a maioria das pessoas a conhece e acredita reconhecer – ou seja, uma refrescante bebida clara ou dourada – data de há apenas 160 anos.

A origem da Lager (palavra cujo significado é "armazenar") pode ser identificada no ano de 1553, quando a fabricação da cerveja durante o verão foi proibida na Baviera por causa de um risco maior de infecção nos meses mais quentes. A estação do fabrico da cerveja era entre o dia de são Miguel (29 de setembro) e o dia de são Jorge (23 de abril), e armazenava-se, então, a cerveja em adegas frias, para que ela sobrevivesse aos meses do verão. Daí, também, o advento do estilo Märzen: de coloração castanho escuro, alto teor alcoólico e bastante lupulada, para garantir sua preservação. Ela passava pela brassagem durante o mês de março, era armazenada durante todo o verão e consumida conforme necessário. Qualquer sobra que houvesse antes que se iniciasse a fabricação novamente, em setembro, era consumida na mais alegre das festas, a *Oktoberfest*.

Mesmo os consumidores daqueles tempos desenvolveram gostos cada vez mais sofisticados, e, quando surgiu o uso do copo como forma preferida de beber cerveja, líquidos mais claros e dourados passaram a ser considerados mais atraentes e refrescantes. Progressivamente, a Märzen e o outro estilo de Lager escura, a Dunkel, foram ficando mais claras. O desenvolvimento se deu principalmente por causa de Gabriel Sedlmayr, na fábrica Spaten, em 1871, que havia ficado impressionado com a receita desenvolvida pelo colega Anton Dreher, em Viena, em 1841. Mas foram os britânicos que ultrapassaram os dois, e uma das técnicas que aprenderam em sua viagem de estudos pela Inglaterra e pela Escócia, feita em 1833, relacionava-se à produção de maltes mais claros.

A palavra alemã para a cerveja clara (Pale) é *Helles*, e assim temos o "burro de carga" do gênero Lager. Essa cerveja é tradicionalmente fabricada com um tipo de água que possui altos teores de calcário, e ouvi dizer que é por essa razão que o lúpulo não deve ser acrescentado em demasia – caso contrário, o amargor se torna insuportável. Toda essa história da água ideal para diferentes estilos de cerveja se baseia firmemente no campo das suposições. Eu gostaria que existisse um conjunto inequívoco de provas científicas que justificasse algumas das alegações feitas a favor do impacto de parâmetros como teor de calcário, carbono, sulfato e cloreto. Independentemente de qual seja a verdade, a Helles é, por tradição, moderadamente lupulada, é claro, com variedades que proporcionam um sabor remanescente de lúpulo, como experimentamos em Tettnang e em Hallertau.

A Helles constitui um estilo comum em todos os portfólios dos produtores respeitáveis de Lager. Outro estilo é, sem dúvida, a Pilsen (em alemão, Pilsener), que se origina da cidade checa (antigamente a Boêmia) de Plzeň. Essa antiga localidade fica perto da região de Zatec (em alemão, Saaz), e, portanto, o lúpulo clássico que leva o mesmo nome é empregado para proporcionar tanto o amargor quanto o caráter remanescente de lúpulo que devem ser encontrados nessa cerveja. A água de Plzeň, por coincidência, é doce e foi transformada pela primeira vez no néctar dourado sob a administração de Josef Groll da Baviera, com o auxílio de levedura trazida de sua terra natal. Qual é a diferença entre a Pilsen e a Helles? O purista diria que é o equilíbrio entre o malte e o lúpulo, com as Helles tendo o malte mais pronunciado, e as Pilsen, maior concentração de lúpulo. O filisteu (pragmático?) diria que tem que ver com o que se lê no rótulo. Não há nada que determine que materiais ou técnicas de fabricação devem ser empregados na produção dessas ou de qualquer outra cerveja de estilo Lager (deixando de lado considerações gerais como a Lei da Pureza da Cerveja, Reinheitsgebot).

Os tipos Märzen, Helles e Pilsen ficam classicamente na faixa dos 4% a 5% de teor alcoólico. A Bock é mais forte, talvez atingindo teor alcoólico de 6% a 6,5%, um exemplo de cerveja produzida em maio, como diz o nome, é a Maibock. A Doppelbock é mais forte, com teor alcoólico entre 6,5% e 7,5%, ou mais, embora não seja tão forte quando a Eisbock, com certeza a Ice Beer original (que supostamente data do final do século XIX) com teor alcoólico entre 9% e 11%. A Eisbock é escura, ao passo que a Doppelbock pode algumas vezes vir em versões claras ou escuras, e esta última é tradicionalmente fabricada com o emprego de maltes especiais. Talvez aqui possamos identificar a mais significativa diferença entre as Lager escuras e as Ale escuras, ou Stout: seu grau de notas ásperas, queimadas, picantes e de chocolate. Enquanto um grão moído de Stout incluiria significativas quantidades de cevada torrada e maltes torrados, a cor escura de uma Doppelbock ou de uma Schwarzbier (teor alcoólico de 4,5% a 5,5%) vem do uso substancial de maltes Munique e do uso moderado de adjuntos intensamente torrados. E se você quer um caráter genuinamente defumado, procure uma Rauchbier, com seu pronunciado sabor de *bacon* ou de turfa, tão característico do Scotch.

Na América do Norte, os principais tipos de cerveja são as Lager de sabor leve. Mas não se deve pensar que elas são de alguma forma inferiores ou mais fáceis de produzir. Quanto mais suave o sabor de uma cerveja, tanto mais prontamente os sabores desagradáveis se revelam, por exemplo, durante o armazenamento. Essas cervejas são adequadas para acompanhar pratos mais picantes e em condições climáticas muito quentes.

Embora em declínio nos Estados Unidos, variantes desse tipo são as Ice Beer e as Dry Beer. Na produção das Ice Beer, acontece certa formação de gelo, que é retirado durante o processamento, o que leva (segundo se afirma) a um sabor suave e revigorante e um teor alcoólico levemente mais alto. Como um estilo, as Dry Beer continuam populares no Japão: o uso do termo é exatamente análogo a seu emprego no mundo dos vinhos, indicando uma fermentação muito abrangente. Isso leva à produção de cervejas refrescantes, com acabamento limpo e pouco retrogosto.

Cervejas *light*

Quatro das cinco principais marcas de cerveja dos Estados Unidos são Lager do tipo *light*. Tudo começou no bairro nova-iorquino do Brooklyn, na década de 1960, com a Gablinger's, da empresa Rheingold. O mestre cervejeiro Joe Owades percebeu que algumas pessoas estavam evitando a cerveja ou porque não apreciavam seu sabor (problema resolvido hoje com as *malternatives* – ou "cervejas Ice", como se diz no Brasil –, das quais falaremos em breve), ou porque temiam que a cerveja as engordasse. Assim, ele adicionou mais uma enzima a seu produto, a amiloglucosidase, que permitiu que todo o amido fosse convertido em etanol durante a fermentação; o processo era finalizado com a restauração do teor alcoólico aumentado a um nível "normal" pelo acréscimo de água. O resultado foi uma cerveja de teor alcoólico mediano, mas que possuía menos amido residual e, portanto, menos calorias. Também tinha relativamente menos sabor e potencial de espuma, porque essa diluição final significa menos equivalentes de grãos de cevada por copo.

Essa técnica ainda é utilizada atualmente para algumas cervejas desse gênero (outras empregam estratégias que envolvem a substituição do malte por adjuntos mais fermentáveis e medidas para garantir que as condições físicas da fábrica maximizem a ação das enzimas). O problema da Gablinger's foi o *marketing*, que a apresentou como uma alternativa saudável para a cerveja comumente consumida. Era o mesmo que dizer: "não coma aquele filé suculento, coma uma folha de alface; essa é a atitude saudável a tomar". Nada que as pessoas quisessem ouvir.

Entretanto, a bola já estava rolando, e a próxima a entrar em cena foi a Peter Hand Brewing Company de Chicago, que desenvolveu a Meister Brau Lite. Parece que sua habilidade em fabricar cerveja não era muito melhor que sua ortografia, e a empresa acabou fechando. A cerveja foi, então, rebatizada com o nome de Miller, quando adquirida pela Philip Morris. Dessa vez, o *marketing* foi feito de forma sutil e bem-sucedida: ali estava uma cerveja tão boa quanto as outras; a única diferença é que ela engordava menos. A empresa contratou um dos melhores armadores do futebol americano para desfilar com a lata e a Miller Lite passou a ter distribuição nacional em 1975. Por volta de 1990, a marca já detinha mais de 10% da fatia de mercado. Foi seguida pela Coors Light, pela Natural Light e, na década de 1990, pela Bud Light, que atualmente é a cerveja número um dos Estados Unidos.

Cervejas com baixo teor alcoólico

Para muitos aficionados da cerveja, o termo cerveja "sem álcool" e "de baixo teor alcoólico" representa uma contradição terminológica. Se julgadas como bebidas não alcoólicas, muitas cervejas são reprovadas na categoria "sabor", quando comparadas com a concorrência óbvia (refrigerantes, sucos, chás gelados, água, etc.). À exceção de cervejas suaves como as de mesa da Bélgica e os produtos Weisse de Berlim, que também têm menor teor alcoólico, a maioria das cervejas com baixo teor de álcool se parece com produtos fajutos para pessoas que fingem estar apreciando uma bebida em toda a sua intensidade aos olhos dos outros. Pessoalmente, não vejo necessidade maior de cervejas de baixo teor alcoólico, de café descafeinado ou de substitutos da carne: se você não quer álcool, não tome cerveja. Se está evitando carne, coma uma torta de legumes. Se está excluindo a cafeína, beba água.

Somente mudaria meu pensamento a esse respeito se alguém criasse um produto não alcoólico de genuína qualidade, e eu ainda não fui convencido disso. Em minha opinião, existe um simples motivo para isso, o álcool contribui diretamente para a qualidade da bebida. Ele pode ser saboreado, pois aquece e, claro, proporciona um sabor alcoólico. Além disso, seu impacto é igualmente importante na produção de aroma dos outros componentes da cerveja. O equilíbrio de ésteres, de outros álcoois, de substâncias que contêm enxofre, etc., à medida que deixam a cerveja e atingem o sistema olfativo, sofrem significativo impacto do etanol.

É por essa razão que cervejas sem álcool, nas quais a eliminação deste é seguida de uma mistura da bebida com um coquetel de elementos de sabor, não têm o mesmo gosto que as cervejas com álcool. Tirar o álcool é arrancar a alma da cerveja.

Há aqueles que recorrem a argumentos mais espúrios para não consumir esses produtos. Tome-se como exemplo a Igreja dos Santos dos Últimos Dias: "Mesmo que ela não tenha álcool, a ingestão de cerveja (e a atmosfera em que estarás provavelmente envolvido) impedirá o espírito de estar contigo".

(Como bom episcopaliano, eu me arriscaria a sugerir que o Espírito não estaria com você pelo simples motivo de não haver uma quantidade decente de álcool na bebida, mas vamos evitar essas coisas sagradas.)

Poucas alternativas

Deve existir uma razão social genuína para que se consuma a cerveja sem álcool. Algo como a lei seca, talvez. O argumento não se aplica em um país como a Arábia Saudita, onde a cerveja nunca esteve no cardápio. Mas imagine-se como sofreram as vítimas da lei seca, que foram obrigadas a viver sem cerveja em um país tão cervejeiro quanto os Estados Unidos. Na época, uma bebida sem álcool foi a Bevo, da Anheuser-Busch. Forçada a decidir entre jogar a toalha e tentar fazer o melhor de uma coisa péssima, a empresa desenvolveu produtos desse tipo, para que aguentassem as pontas até que o bom senso voltasse a prevalecer. É bem provável que a Bevo fosse pouco mais do que mosto não fermentado, previdentemente inventada três anos antes de a lei seca entrar em vigor em todo o país, em 1919. Facilmente tornou-se a mais popular entre as várias "quase-cervejas" da época e, em seu auge, vendeu mais de 5 milhões de caixas por ano. O produto se anunciava como "A bebida que se bebe o ano todo: saborosa – saudável – nutritiva – refrescante. Leite ou água podem conter bactérias. A Bevo jamais contém". O número exato de pessoas que acrescentavam açúcar e levedura a essa bebida e esperavam que algo mais interessante acontecesse não está registrado.

Quatro anos antes do final da lei seca, entretanto, as vendas tinham caído para 100 mil embalagens por ano e a produção foi descontinuada. Tudo o que permanece para nos recordar dessa bebida é um bairro de St. Louis chamado Bevo.

A década de 1980 foi a única época em que houve um aparentemente genuíno desejo de explorar o gênero das cervejas com baixo teor alcoólico. De acordo com a legislação do Reino Unido, para ser chamada de "sem álcool", uma bebida deveria conter menos de 0,05% de álcool por volume, ou, em outras palavras, um teor de etanol comparável ao do suco de laranja. O apelido "não alcoólico" exigia menos de 0,1% de teor alcoólico. "Baixo teor alcoólico" cobria essencialmente os produtos com teor alcoólico abaixo de 1,2%.

Algo que logo percebemos tecnicamente é que o conceito de "relativamente pouco álcool" tende a fazer muita diferença. Assim, uma cerveja com teor de 2% era muito, muito melhor que uma cerveja com 1%. Entretanto, no Reino Unido, que era onde eu estava trabalhando no desenvolvimento desses produtos, os problemas com impostos controlavam a situação. Um teor abaixo de 1,2% significava taxa zero, mas qualquer incremento acima desse nível contribuía para um produto progressivamente mais caro. E, assim, o vetor se inclinava inevitavelmente para produtos inferiores. Em outras palavras, o governo estava fiscalmente dissuadindo os fabricantes de cerveja de produzir marcas com teores alcoólicos moderados, mas que fossem genuinamente bebíveis como cervejas. Recordando os primeiros anos do século XXI, quando o governo britânico afirma que o consumo imoderado de álcool é uma doença britânica, algo soa irônico.

Por motivos já apresentados, realmente não existe um modo inteiramente satisfatório de produzir uma cerveja com baixo teor alcoólico ou sem álcool. A primeira opção é não fermentar de modo nenhum ou, na melhor das hipóteses, apenas "agitar" a levedura no mosto em condições muito frias por um período curto. Esses produtos trazem, invariavelmente, o "cheiro de cervejaria" – ou seja, eles têm o aroma de uma cervejaria quando o mosto está fervendo. Será que realmente alguém quer que sua cerveja tenha esse cheiro? Isso seria mais ou menos como sugerir que um substituto da carne devesse ter o cheiro de um pasto ou de um abatedouro.

A brassagem a altas temperaturas pode restringir a fermentação. Realizar a brassagem a uma temperatura de 72 °C, por exemplo, converte a maior parte do amido em dextrinas não fermentáveis e, assim, é possível deixar a levedura pelo tempo desejado no mosto (para eliminar alguns sabores mais agressivos). Isso é o máximo que se pode conseguir para um produto com baixo teor alcoólico – o que não quer dizer muito. E também é possível eliminar o álcool do produto por osmose inversa ou evaporação sob vácuo a baixas temperaturas, ajustando seu sabor com a mistura escolhida de aromas.

Cervejas de alto teor alcoólico

Se alguém considera as bebidas deficientes em álcool ridículas, será que isso implica que cervejas repletas de álcool estão no outro polo de aceitabilidade, ou seja, a suprema excelência em

[TIPOS DE CERVEJA]

cerveja? O que fazer, fico me perguntando, com uma cerveja norte-americana que anuncia um teor alcoólico de 25% e é vendida por cerca de 100 dólares a garrafa? Esse lançamento foi feito por uma empresa que produziu uma extensa linha de produtos para homens, em uma sucessão que incluiu cervejas com teor alcoólico de 11%, 17,5%, 21% e 24%.

Esses "grandes produtos" são lançados como bebidas para depois das refeições, o que não é de causar surpresa, já que se assemelham ao Porto e aos licores em sua potência e em seu caráter aromático. A dose recomendada é de 60 mℓ, que sairá de uma das apenas oito mil garrafas produzidas, tendo elas o formato de uma panela de fabricação de cerveja. Produzir essas bebidas muito fortes é tecnicamente complexo e pode-se deduzir que os "truques" incluem o acréscimo de mais e mais açúcar ao longo da fermentação e o uso de leveduras tolerantes ao álcool.

Dando um passo atrás na escada da loucura do álcool, encontramos as chamadas "Super Lager" no Reino Unido. Esses produtos são comparáveis em seu teor alcoólico a um vinho de 10%. Duas latas de Super Lager correspondem, portanto, a uma garrafa de vinho. É possível argumentar que as duas bebidas poderiam ser consideradas em pé de igualdade, saboreadas em volumes restritos e partilhados, junto com o consumo de alimentos. Se esse fosse um argumento legítimo, esperaríamos ver essas cervejas alçadas a um quociente mais alto de sofisticação, vendidas em embalagens luxuosas. Seria uma oportunidade, se elas não fossem rotuladas com o esfuziante termo "super". Do jeito que as coisas são, essas cervejas tendem a ser niveladas por um "mínimo denominador comum".

Nos Estados Unidos, com teor alcoólico na faixa entre 6,2% e 7,5%, encontramos as Malt Liquor. O termo traz em si muita confusão. Para alguns, qualquer cerveja é *malt liquor* se for fabricada a partir do malte. Em geral, porém, o termo é usado para descrever bebidas do estilo Lager mais alcoólicas que as cervejas comuns, e, em alguns estados, a presença em um produto com mais do que determinada quantidade de álcool pode exigir que ele seja rotulado não como cerveja, mas como *malt liquor*. Esses produtos são muitas vezes vendidos em garrafas de 40 onças fluidas (1.180 mℓ) com pescoço largo (para que se beba mais facilmente), em oposição às costumeiras garrafas ou latas de 350 mℓ. É praticamente impossível evitar a sugestão de que esses produtos são a bebida preferida de quem está "numa pior".

O QUE MAIS?

Não há limites para a engenhosidade dos produtores de cerveja. No Reino Unido, já tomei Oyster Stout, que primeiro era uma cerveja para ser tomada com ostras, mas hoje pode ser um produto que contém essência de ostra. Outra Stout muito apreciada é a Chocolate Stout, que tem esse nome por conter tanto chocolate quanto o malte chocolate. Os britânicos há muito tempo apreciam a Shandy (Ale misturada com limonada), e outras cervejas com sabor de frutas cítricas estão disponíveis em todo o mundo.

Há muitas cervejas fabricadas com especiarias como o coentro; compare-se, por exemplo, com o gruit medieval (bebida feita de ervas). Os mexicanos adoram sua michelada, uma

[TIPOS DE CERVEJA]

mistura de Lager com limão, sal, molho inglês, molho de soja e molho Tabasco. Nos Estados Unidos, foi lançada cerveja que incorpora ginseng, cafeína e guaraná. A cerveja de abóbora é popular há muito tempo.

Existem cervejas em que o mel faz parte do grão moído. Há cervejas sem glúten, algumas delas feitas com sorgo. Há cervejas envelhecidas em barris de madeira, como o vinho ou o uísque. Devemos, também, mencionar os *mixed drinks*, as bebidas misturadas. A combinação de Stout mais Ale amarga resulta em Black and Tan, ao passo que a Black Velvet é Stout misturada com espumante.

Uma última categoria são as "cervejas" com baixo teor de malte produzidas no Japão. Há muitos anos, os fabricantes japoneses de cerveja encontraram uma brecha no esquema de tributação do governo, o qual indicava que, se um produto contivesse menos de 25% de malte, então, ele seria bem menos tributado que o normal. Como resultado, houve um enorme crescimento de produtos em que a cevada maltada era, em grande medida, substituída por adjuntos. Os produtos não podiam ser rotulados de "cerveja" e eram nitidamente inferiores aos produtos convencionais, mas isso, aos olhos do consumidor, era mais que compensado pelo preço muito mais baixo. Agora os cervejeiros japoneses deram um passo adiante, percebendo que produtos sem nenhum malte atraem ainda menos tributação. Assim, temos a "terceira" categoria de cervejas, feita a partir de uma diversidade de curiosos ingredientes que incluem materiais derivados de soja e ervilha.

[VINHOS *VERSUS* CERVEJAS]

Temperatura ideal para servir a cerveja

Para as Lager levemente adicionadas de sabor de estilo norte-americano, a melhor temperatura é entre 0 °C e 4 °C. Produtos com sabores mais encorpados pedem talvez uma temperatura entre 8 °C e 12 °C; com 12 °C a 14 °C para muitas Ale; e atingindo 16 °C no caso das Ale mais pesadas e fortes.

Bebidas *ice*

Finalmente, vamos falar um pouco das *malternatives*, também chamadas "alcopops" ou, ainda, "bebidas *ice*" no Brasil – as bebidas alcoólicas com sabor. São basicamente bebidas com teor alcoólico semelhante ao das principais Lager norte-americanas (por volta de 5%), que não possuem gosto de cerveja, mas de qualquer sabor que se acrescente a elas – por exemplo, laranja, limão, cereja ou cola. Podem (dependendo do estado, nos Estados Unidos) ser taxadas como cervejas se forem feitas de uma cerveja (sem lúpulo) descolorida por carvão ativado. Esses produtos atraíram muita publicidade adversa porque são, ao que parece, voltados para o mercado jovem (de forma legal). Tendem a ser doces, mas os seres humanos só desenvolvem gosto por sabores mais amargos com a idade – assim, os cervejeiros convictos criticam essas bebidas porque imaginam que sua popularidade significa que é cada vez menor a probabilidade de seus consumidores "migrarem" para as cervejas "verdadeiras".

CAPÍTULO 10

OS BENEFÍCIOS DO VINHO E DA CERVEJA PARA A SAÚDE

[OS BENEFÍCIOS DO VINHO E DA CERVEJA PARA A SAÚDE]

No dia 5 de novembro de 1991, um jornalista chamado Morley Safer apresentou no *Sixty Minutes*, noticiário de grande audiência da rede norte-americana CBS, uma reportagem que contava como um médico francês, Serge Renaud, havia demonstrado que o vinho tinto era um poderoso aliado contra a doença cardíaca coronariana. O fenômeno ficou conhecido como "paradoxo francês", pois os franceses seguiam uma dieta que não era nada saudável e que certamente nos levaria a ter graves bloqueios das artérias, embora não fosse isso o que viesse ocorrendo. Praticamente da noite para o dia, as vendas de vinho tinto começaram a crescer nos Estados Unidos e a indústria do vinho norte-americana se desenvolveu expressivamente.

Essa não foi de modo nenhum a primeira reportagem sobre os benefícios do álcool para a saúde, como já constatamos neste livro, na discussão sobre a história do vinho e da cerveja. Na verdade, o médico irlandês Samuel Black fez um comentário, já no ano de 1819, sobre a incidência muito menor de angina na França do que em seu país natal, por causa dos "modos de vida e hábitos franceses". O primeiro estudo científico

[VINHOS *VERSUS* CERVEJAS]

nessa área foi conduzido em Baltimore, nos Estados Unidos, pelo biólogo Raymond Pearl, em 1926; esse estudo ainda se torna mais notável se levarmos em consideração que, além de ter sido publicado há muito tempo, ele veio a público bem no meio da lei seca. Suponho que ele tenha sido baseado em dados acumulados antes da Lei Volstead, que permitiu a sanção federal da lei seca. Pearl relatou que as pessoas que bebiam quantidades moderadas de álcool viviam mais do que os completos abstêmios, e demonstrou isso com a curva em U ou em J, que nos nossos dias é comumente usada (Gráfico 1).

Desde a época de Pearl, houve vários relatos que confirmaram a suposição de que beber com moderação é benéfico, principalmente porque reduz substancialmente o risco de arteriosclerose (endurecimento das artérias). Considerando-se que mais de 15 milhões de mortes a cada ano podem ser atribuídas a essa causa, o efeito parece ser bastante digno de investigação. Para citar apenas um desses trabalhos, em um estudo

GRÁFICO 1. IMPACTO DO CONSUMO DE ÁLCOOL NO RISCO DE MORTE. UMA UNIDADE EQUIVALE A UM COPO DE VINHO OU A 350 ML DE CERVEJA

[OS BENEFÍCIOS DO VINHO E DA CERVEJA PARA A SAÚDE]

da Associação Americana de Câncer afirmou-se que o risco de morte caiu em 16% para aqueles que afirmavam tomar um drinque por dia, e até na quantidade de seis drinques por dia o risco de morte por essa causa diminuiu 8%.

Na arteriosclerose, existe uma restrição do fluxo de sangue em razão do acúmulo de gordura (ateroma) nas paredes das artérias, o que leva a derrames, ataques cardíacos e morte. Ao que parece, o consumo de vinho tinto combate esses problemas pela diminuição dos níveis do chamado colesterol "ruim" e pela redução da tendência de agregação de plaquetas.

Por bastante tempo – e também em uma medida significativa – afirmou-se que o impacto benéfico era exclusivo do vinho, especialmente os vinhos tintos. O doutor Selwyn St. Leger, trabalhando em 1978 nos arredores de Cardiff, no País de Gales, concluiu que, para homens entre 55 e 64 anos, havia um evidente benefício em beber vinho, ao passo que homens pobres que viviam em países onde a cerveja era a bebida preferida tinham os índices mais altos de doenças cardíacas coronarianas. A evidente inferência era de que deve haver algum componente no vinho, especialmente no vinho tinto, que é o fator "mágico".

David Kritchevsky e Davis Klurfeld, pesquisadores da Filadélfia, nos Estados Unidos, demonstraram em 1980 que coelhos alimentados com uma dieta norte-americana desenvolveram sintomas alarmantes de arteriosclerose e que o vinho tinto, mas não a cerveja, combatia esse efeito. Logo surgiu a teoria, baseada nos trabalhos pioneiros de colegas cientistas de minha própria universidade, de que o vinho tinto é especialmente rico em antioxidantes, principalmente alguns polifenóis, entre eles o resveratrol, que têm uma ação profunda em garantir que o colesterol ruim não exerça seus impactos negativos.

Na realidade, é preciso ser muito cuidadoso ao relacionar estudos feitos em tubos de ensaio com os efeitos no corpo real. É importante observar que os antioxidantes realmente entram no corpo e atingem as partes importantes. Mas foi sugerido, por exemplo, que, embora os níveis de antioxidantes no vinho tinto sejam bem mais altos do que os encontrados na cerveja, o grande tamanho das moléculas de muitos deles implica pouca absorção. Em contrapartida, foi comprovado por Ghisselli, Natella e Guidi que o plasma sanguíneo de uma pessoa que tenha consumido cerveja apresenta antioxidantes, o que significa que eles estão presentes também na cerveja. Denise Baxter, trabalhando com colegas do Guys Hospital, em Londres, demonstrou que um antioxidante, o ácido ferúlico, penetra no sistema digestivo muito melhor se estiver na cerveja do que se estiver no tomate. Arrisco dizer que, se eu fosse até o mercado de minha cidade com uma garrafa de cerveja em uma mão e um tomate na outra e perguntasse qual é mais saudável, a maioria das pessoas optaria pelo fruto vermelho. Na realidade, pelo menos em relação a esse antioxidante, elas estariam erradas.

Em 1996, um grupo de eminentes médicos fez uma detalhada análise da literatura publicada até aquela data sobre o efeito relativo do vinho, da cerveja e das bebidas destiladas na redução da doença cardíaca coronariana. Esses médicos eram o doutor Eric Rimm e o doutor Meir Stampfer (Escola de Saúde Pública de Harvard, nos Estados Unidos), o doutor Arthur Klatsky (Centro Médico Kaiser Permanente, Oakland, nos Estados Unidos) e o doutor Diederick Grobbee (Escola de Medicina da Universidade Erasmus, em Roterdã, na Holanda). Seus achados?

> CONCLUÍMOS QUE, SE ALGUM TIPO DE BEBIDA REALMENTE PROPORCIONA MAIOR BENEFÍCIO CARDIOVASCULAR ALÉM DAQUELE PROPORCIONADO POR SEU TEOR ALCOÓLICO, ELE TENDE A SER MODESTO, NA MELHOR DAS HIPÓTESES, OU, POSSIVELMENTE, RESTRITO A DETERMINADAS SUBPOPULAÇÕES.

Portanto, agora, a American Heart Association afirma: "Não existe uma prova clara de que o vinho seja mais benéfico do que outras formas de bebida alcoólica".

John Barefoot, da Universidade Duke, nos Estados Unidos, e o doutor Morten Gronbaek, do Instituto de Medicina Preventiva de Copenhague, na Dinamarca, afirmaram, em 2002, que os benefícios do vinho tendiam mais a ser uma função do estilo de vida mais saudável dos que preferiam essa bebida, em oposição às pessoas que preferem cerveja. Os consumidores de vinhos ingeriam menos gorduras saturadas e colesterol; eles fumavam menos e se exercitavam mais. Eram os abstêmios que tinham os piores hábitos, comendo menos frutas e verduras e mais carne vermelha, além de fumarem mais. Quando ligações entre a condição socioeconômica e a preferência de bebidas foram controladas nesses estudos, demonstrou-se que os consumidores de vinho com mesma renda e posição social de consumidores de cerveja ou abstêmios tinham estilos de vida mais saudáveis.

Em 2006, Gronbaek analisou 3,5 milhões de recibos de supermercado na Dinamarca por um período de seis meses. As pessoas que compravam vinho compravam mais frutas e verduras, carnes de aves, queijos magros e leite. Os que compravam cerveja também compravam linguiças, batatas fritas, açúcar, manteiga e refrigerantes. Em outras palavras, parece que os consumidores de cerveja precisam se esforçar mais para melhorar suas escolhas de vida. Parece também que a cerveja não é menos benéfica que o vinho – usando de ironia, poderíamos nos perguntar se os consumidores de cerveja não teriam a saúde ainda pior se não tirassem vantagem dos efeitos benéficos da bebida na redução do ateroma.

Na verdade, evidências dos benefícios da cerveja (consumida moderadamente) têm se acumulado. Já faz mais de vinte anos que Richman e Warren relataram, em uma pesquisa de saúde, que os bebedores de cerveja têm taxas significativamente mais baixas de doenças que a população em geral.

Novamente, Klatsky e colegas descreveram, em um artigo publicado em 1997 no *American Journal of Cardiology*, um estudo realizado com 3.931 pessoas que mostra que foi observado nas que consumiam bebidas alcoólicas certo grau de correlação inversa entre o consumo de álcool e a doença cardíaca coronariana. No caso dos homens, a relação foi significativa para a cerveja; no caso das mulheres ela foi significativa para o vinho. E não importava se o vinho era tinto ou branco. Assim, Klatsky escreveu em 2001:

PARECE PROVÁVEL QUE O ÁLCOOL ETÍLICO É O PRINCIPAL FATOR EM RELAÇÃO AO RISCO DE DOENÇA CARDÍACA CORONARIANA. PARECE NÃO HAVER DADOS CONVINCENTES RELACIONADOS À SAÚDE QUE IMPEÇAM QUE A PREFERÊNCIA PESSOAL SEJA A MELHOR GUIA NA ESCOLHA DE UMA BEBIDA.

Também podemos nos perguntar se o impacto não poderia até ser indireto. T. J. Cleophas, do Hospital Albert Schweitzer, de Dordrecht, na Holanda, concluiu que havia um significativo componente psicológico na relação benéfica entre o consumo moderado de álcool e a mortalidade. Será que o próprio álcool, com sua influência calmante, ou até mesmo a desaceleração no ritmo de vida associada com tomar um drinque, é o que traz benefícios, reduzindo o estresse de quem bebe?

A doutora Cynthia Baum-Baicker, psicóloga clínica que trabalha no sistema de saúde da Universidade da Pensilvânia, nos Estados Unidos, revisou a literatura sobre os benefícios psicológicos positivos do consumo moderado de álcool e concluiu que existe a redução de estresse nesses consumidores. Houve aumento da alegria, da euforia, da sociabilidade e de sentimentos agradáveis e tranquilos; e diminuição de tensão, da depressão e de constrangimento. Além do mais, pequenas doses de álcool melhoram alguns tipos de desempenho cognitivo, como a resolução de problemas e a memória de curto prazo. Em contrapartida, os grandes consumidores de álcool e os abstêmios tiveram índices mais altos de depressão clínica do que os consumidores moderados. Guallar-Castillon e colegas, trabalhando em uma universidade de Madri, descreveram um estudo demonstrando que pessoas que bebem vinho ou cerveja se *consideram* mais saudáveis; na verdade, quanto maior o consumo, melhor elas se sentiam!

Talvez seja essa a razão pela qual estudos em diferentes regiões alternam-se em declarar o vinho ou a cerveja como a bebida mais benéfica. Se houver um componente psicológico importante, e se o bem-estar estiver ligado à euforia induzida pela bebida favorita da pessoa, então isso poderá explicar por que a cerveja foi considerada superior em estudos sobre

[VINHOS *VERSUS* CERVEJAS]

o combate de doenças cardíacas coronarianas em sociedades grandes consumidoras de cerveja, como Honolulu, República Checa e Alemanha. Por exemplo, uma pesquisa realizada na República Checa sugeriu que o menor risco de ataque cardíaco encontra-se em homens que bebem entre 4 litros e 9 litros de cerveja por semana. De fato, o dr. Hoffmeister, da Universidade Livre de Berlim, na Alemanha, sugeriu que, se os bebedores de cerveja da Europa deixassem de tomar sua bebida predileta, haveria a diminuição da expectativa de vida da ordem de dois anos, além de muita infelicidade. Em contrapartida, em estudos realizados na região rural da Itália, onde se consome muito vinho, este foi considerado superior em benefícios.

E então parece que o álcool é o ingrediente-chave. Mesmo assim, continuam existindo aqueles que ainda apontam os altíssimos níveis de antioxidantes presentes no vinho tinto, concluindo que, portanto, ele deve ser, sem dúvida, melhor para o corpo. Essas pessoas bem que poderiam se debruçar sobre o trabalho de John Trevithick, da Universidade de Western Ontario, no Canadá, que demonstra que, apesar dos níveis mais altos de antioxidantes presentes no vinho tinto, quando a quantia equivalente de álcool é consumida em forma de cerveja, exatamente o mesmo nível de antioxidantes entra em circulação no sangue.

De passagem, podemos também observar a aparente importância da frequência. O doutor Mukamal e seus colegas, da Divisão de Medicina Geral e Cuidados Primários do Beth Israel Deaconess Medical Center, de Boston, nos Estados Unidos, encontraram provas de que o impacto mais favorável de uma bebida alcoólica, seja ela vinho ou cerveja, ocorreu se ela foi consumida com moderação e frequência. Melhor tomar uma ou duas todos os dias do que uma ou duas apenas alguns dias da semana. E, sem dúvida, melhor do que estocar tudo durante a semana para se esbaldar no sábado e no domingo.

Problemas circulatórios não são as únicas doenças que melhoram com o consumo de álcool. Andrea Howard, do Centro Médico Montefiore, nos Estados Unidos, está entre os vários pesquisadores que chamam a atenção para a relação em forma de U entre o consumo de álcool e o risco de diabetes, com risco reduzido de aproximadamente 30% para aqueles com ingestão moderada. Considerando-se que o diabetes custou para os Estados Unidos mais de 132 bilhões de dólares no ano de 2002 e é uma das principais causas de falência dos rins, amputações, cegueira e doenças cardiovasculares, então, os méritos do consumo moderado de álcool são mais uma vez destacados. E, mais uma vez, os resultados sugerem que não importa nem um pouco se a bebida ingerida é cerveja ou vinho.

Guenther Bode e colegas, do Departamento de Epidemiologia da Universidade de Ulm, na Alemanha, concluíram que o consumo moderado de cerveja combatia o micro-organismo *Helicobacter pylori*, fator de risco para o câncer de estômago e agente causador das úlceras gástricas. Tero Hirvonen e colegas, do Departamento de Nutrição do Instituto Nacional de Saúde Pública de Helsinque, na Finlândia, comprovaram que a ingestão diária de uma garrafa de cerveja reduzia o risco de pedras nos rins em 40%. Stampfer e seus colegas demonstraram que tanto o vinho quanto a cerveja reduziram o risco de formação de pedras na vesícula. Ao que parece, o álcool acelera o esvaziamento da vesícula após as refeições. A frequência de ingestão foi considerada importante: melhor uma sequência de cinco a sete dias de consumo moderado do que a ingestão concentrada em um ou dois dias. Holbrook e Barret-Conner, do Departamento de Comunidade e de Medicina de Família da Universidade da Califórnia em San Diego, demonstraram que beber socialmente está associado a maior densidade mineral dos ossos em homens e mulheres – ou seja, redução de risco de osteoporose. Em outra instituição californiana – a Faculdade de Medicina Keck da Universidade do Sul da Califórnia –, Paganini-Hill citou o álcool como um dos aspectos da atividade de lazer que serviam para combater o mal de Parkinson. Pesquisadores do Hospital Bispebjerg, da Universidade de Copenhague, mostraram que o consumo do álcool ajuda a suavizar o aumento da tireoide.

Veronika Faist e seus colegas de Garching, Kiel e Munster concluíram que alguns dos materiais formados na torra dos maltes especiais estimulam no corpo humano a ação de enzimas que desativam toxinas indesejáveis. Tagashira e sua equipe, da Asahi Breweries, descobriram que os polifenóis do lúpulo inibem o estreptococo e retardam o desenvolvimento da cárie dentária. Enquanto isso, o laboratório Nakajima, na Ochanomizu University de Tóquio, demonstrou que materiais encontrados nas cervejas mais escuras impedem que o estreptococo forme um polissacarídeo por ele utilizado para grudar-se aos dentes.

Muitas pessoas temem que o consumo excessivo de álcool possa, nas palavras de Shakespeare em *Macbeth*, "provocar o desejo, mas impedir o desempenho". Não há provas de que o vinho ou a cerveja tenham menor ou maior impacto na sensibilidade masculina quando consumido em excesso. Além disso, tudo indica que, para que haja alguma influência duradoura na potência ou no desempenho sexual, é preciso consumir álcool com grande exagero. Como disse E. M. Hellinek:

O TECIDO GERMINATIVO PODERIA SER DANIFICADO POR CONCENTRAÇÕES MUITO ALTAS DE ÁLCOOL, MAS ELE É TÃO MARAVILHOSAMENTE PROTEGIDO QUE, ANTES QUE ESSAS CONCENTRAÇÕES DE ÁLCOOL OCORRESSEM, O PAI OU A MÃE ALCOÓLATRA JÁ TERIAM MORRIDO.

Avançando nove meses, então, existem controvérsias sobre os méritos da cerveja para a mãe que amamenta. Por um lado, Koletzko e Lehner, da Universidade de Munique, sugerem que um polissacarídeo da cevada promove a secreção de prolactina, o hormônio pituitário que estimula a lactação; por outro, Julie Menella, do Centro Monell de Química dos Sentidos da Filadélfia, sugere que o consumo de álcool pode, na verdade, reduzir a produção de leite. Tudo o que posso oferecer é uma prova baseada em experiência pessoal: minha mulher, Diane, deu à luz nosso filho em dias esclarecidos, na Inglaterra da década de 1980, e apreciava muito sua Mackeson Stout, na maternidade, depois do nascimento de Peter. Ela ficava relaxada.

Na verdade, existem provas substanciais de que beber álcool auxilia processos mentais. Christian e colegas, da Universidade de Indiana, estudaram 4.739 duplas de gêmeos idosos para demonstrar uma curva em J entre o consumo de álcool e a função cognitiva. Os que bebiam moderadamente se saíram melhor que os abstêmios e os que se excediam. Pesquisadores japoneses da Aichi Prefecture indicaram que consumidores moderados tinham QI mais alto que os abstêmios. O tipo de álcool nesses estudos é irrelevante, assim como também foi no

[VINHOS *VERSUS* CERVEJAS]

estudo de Ruitenberg, do Centro Médico Erasmus, em Roterdã, que constatou que de um a três drinques por dia reduz o risco de demência. Cupples constatou que um drinque por dia para mulheres ou dois para homens reduziam o risco do mal de Alzheimer, ao passo que Dufour e colegas, do Instituto Nacional para o Abuso de Álcool e Alcoolismo de Rockville, Maryland, nos Estados Unidos, demonstraram que a cerveja estimula o apetite e promove a função intestinal dos idosos.

Conforme o professor Robert Kastenbaum, da Escola de Comunicação Humana da Universidade do Estado do Arizona, teria dito: "Existem hoje informações suficientes para indicar que o uso moderado de bebidas alcoólicas é prazeroso e benéfico para adultos mais velhos".

Um fato irrefutável é que beber álcool promove o desejo de urinar. Talvez o mais curioso estudo tenha sido o de Nagao e colegas, da Universidade de Quioto, no Japão, que comprovaram que as cervejas fabricadas mais recentemente são as que tendem mais a estimular essa necessidade.

Outro medo bastante disseminado é o de que o consumo de álcool aumente significativamente o risco de câncer. Na verdade, as provas sugerem que o consumo de álcool precisa ser realmente muito grande para que seja um fator cancerígeno. E, assim, o relatório de 1979 do Comitê para Dieta e Saúde da Academia Nacional de Ciências dos Estados Unidos alerta contra o consumo *excessivo* de álcool. Na realidade existe uma literatura diversificada e controversa em toda essa área, e alguns artigos argumentam que beber vinho e cerveja pode *combater* certos tipos de câncer. Um grupo internacional de farmacologistas, epidemiologistas e toxicologistas publicou uma carta no

British Journal of Cancer, em 1993, que relatava um exame crítico dos dados existentes sobre ocorrências de câncer na boca e no trato gastrointestinal e concluía que dois drinques por dia para os homens tinham na verdade diminuído pela metade o risco de câncer, em comparação a pessoas que não bebiam. Seriam necessários doze ou mais drinques por dia para aumentar o risco de câncer dos bebedores em relação ao dos abstêmios.

No entanto, no âmbito da Organização Mundial de Saúde, a Agência Internacional para Pesquisa sobre o Câncer classificou o álcool como um carcinógeno do grupo 1. O Instituto Nacional para o Abuso de Álcool e Alcoolismo (NIAAA na sigla em inglês), porém, destaca a enorme inconsistência nos dados relatados. O instituto adverte contra o abuso de álcool e também chama a atenção para as alegações de que o álcool potencializa o efeito nocivo do principal carcinógeno – obviamente, o fumo.

O Instituto Nacional de Câncer dos Estados Unidos afirma que o consumo de álcool acima da ingestão diária recomendada aumenta a probabilidade de desenvolver câncer na boca, esôfago, faringe ou laringe. Entretanto, o NIAAA alerta para o fato de que, embora alguns estudos relacionem o consumo crônico de álcool ao câncer de estômago, a maioria das investigações não encontrou nenhuma associação.

Exatamente a mesma conclusão foi feita pelo NIAAA para o câncer de pâncreas. Um estudo sugeriu que, na verdade, há redução do risco de contrair esse carcinoma devastador se a pessoa beber moderadamente.

Ao que parece, o câncer de fígado é induzido pela cirrose causada pelo abuso do álcool, e não pela bebida em si. Diferentemente de muitos dos outros tipos de câncer do sistema gastrointestinal, no caso de câncer de cólon e reto, existe maior certeza de correlação com o consumo de álcool. Nos termos do NIAAA:

> ESTUDOS EPIDEMIOLÓGICOS CONSTATARAM UMA PEQUENA, MAS CONSISTENTE ASSOCIAÇÃO DOSE-DEPENDENTE ENTRE O CONSUMO DE ÁLCOOL E O CÂNCER COLORRETAL, MESMO QUANDO HÁ CONTROLE PARA O CONSUMO DE FIBRAS E OUTROS FATORES NUTRICIONAIS. APESAR DO GRANDE NÚMERO DE ESTUDOS, PORÉM, A CAUSALIDADE NÃO PODE SER ESTABELECIDA A PARTIR DOS DADOS DISPONÍVEIS.

Em outras palavras, mais uma vez, percebemos que o agente causador talvez não seja a bebida em si, mas sim outros elementos do estilo de vida do consumidor de álcool.

Quando se trata do câncer de mama, um dos mais divulgados carcinomas, existe muita controvérsia. O NIAAA concluiu que o consumo *crônico* de álcool aumenta em cerca de 10% as probabilidades de uma mulher desenvolver a doença. Outros não encontram risco aumentado, certamente não se a pessoa beber moderadamente. O influente *Framingham Study* chegou à conclusão de que o consumo moderado de álcool não aumenta o risco de desenvolver o câncer de mama.

De fato, neste ponto devemos considerar as coisas holisticamente, como também com certeza deve ser o caso em todas as investigações desses tópicos delicados. Afirmou-se pela Mayo Clinic que o ácido fólico combate o risco de contrair câncer de mama – e todos sabemos, a essa altura, que a cerveja pode ser uma ótima fonte dessa vitamina.

O Centro de Pesquisa sobre Câncer Fred Hutchinson, nos Estados Unidos, afirma que o consumo de quatro ou mais copos de vinho tinto a cada semana reduz o risco de o homem desenvolver câncer de próstata em 50%, ao passo que a cerveja e o vinho branco não têm impacto nenhum, seja positivo ou negativo. Relatos científicos recentes são mais favoráveis à cerveja, porém, com Anna Harris e seus colegas da Nova Zelândia e da Austrália tendo relatado que o PSA (antígeno que diagnostica problemas de próstata) diminuiu proporcionalmente com um aumento da ingestão de cerveja pelos homens.

O consenso dos especialistas, baseado nos dados disponíveis, indica que não há motivo para associar o consumo moderado de bebidas alcoólicas ao risco de leucemia, câncer de tireoide, de pulmão, de bexiga e de pele. Em relação ao câncer de útero e ao linfoma não Hodgkin, as indicações são de que o consumo moderado de álcool *reduz* o risco. Uma consideração sensata de tudo o que foi exposto anteriormente, portanto, leva-nos à conclusão de que a cerveja e o vinho não são bombas que detonam veneno no corpo humano. Na verdade, essas bebidas podem até mesmo ter componentes meritórios.

Assim, pesquisas especialmente feitas no Japão nos últimos anos têm chamado a atenção para a presença de algumas moléculas interessantes na cerveja, com potencial de proteger contra a devastação do câncer. Arimoto-Kobayachi, da Faculdade de Ciência Farmacêutica da Universidade de Okayama, detectou na cerveja a presença de moléculas, como a pseudoridina, capazes de neutralizar a ação de mutágenos. De fato, ele é da opinião de que a pseudoridina corresponde a apenas 3% do impacto antimutagênico da cerveja – o que aponta para um rico filão ainda inexplorado atualmente. Talvez seja necessário que examinemos algumas das interessantes moléculas polifenólicas, entre elas o xanthohumol, o isoxanthohumol e

[VINHOS *VERSUS* CERVEJAS]

a 8-prenilnaringenina, encontradas no lúpulo, elogiadas pelos cientistas da Universidade do Estado de Oregon, nos Estados Unidos. Entretanto, aqui se faz necessária uma nota de advertência. É realmente necessário consumir grandes quantidades de cerveja para obter níveis realmente úteis desses componentes – e o que se colhe em termos de benefício anticarcinogênico se perde do lado da obesidade e outros problemas.

O câncer é um assunto delicado e não deve ser tratado de modo trivial. Os produtores de vinho e cerveja devem assumir uma posição cautelosa: realmente parece que beber cerveja e vinho nos limites recomendados (por exemplo, pelo Departamento de Agricultura dos Estados Unidos) *não* vai aumentar substancialmente o risco de desenvolver um câncer. Na verdade, esse hábito pode até melhorar as probabilidades de evitar alguns tipos de câncer. No entanto, apesar de todo o estardalhaço feito em torno dos fatores do lúpulo que podem ser poderosos anticarcinógenos, realmente devemos esperar pelo sensato acúmulo de evidências. Promover uma bebida explicitamente como "anticâncer" é uma estupidez.

Calorias vazias?

Visite http://www.student-manual.com/living/nutrition.htm e encontrará uma mentira. Trata-se do *site* de uma comunidade de estudantes para o mundo todo, cuja tradução literal seria "Manual não oficial do aluno". Nesse *site* se oferece aos futuros calouros de universidades uma série de dicas para uma vida mais saudável, entre elas o seguinte conselho: "Calorias vazias – cerveja, doces, *pizza*, refrigerantes são calorias vazias. Em outras palavras, você continua com fome, apesar de engordar... mantenha-se longe deles". Acho que sei o verdadeiro propósito desses conselhos: afastar os jovens do álcool. De minha parte, prefiro encontrar modos de esclarecer os alunos (e às pessoas que estão na idade legal de beber) sobre a "fria" que é abusar do álcool. Mas simplesmente não vou sair dizendo inverdades, e a noção de que, dentre todas as bebidas, a cerveja é constituída por "calorias vazias" é uma tremenda besteira, como pode mostrar um exame da tabela 1. Os dados foram extraídos do *site* do Departamento de Agricultura dos Estados Unidos (http://www.nal.usda.gov/). O leitor é alertado para o fato de que há variações significativas entre diferentes marcas. O *site* afirma que os dados da composição centesimal da cerveja foram baseados nas análises de cervejas Ale, Lager, Porter, Premium Beer e Stout, mas os dados sobre os outros fatores se baseiam apenas nas amostras de Lager.

Um elemento não listado na tabela é o silício, mas a cerveja atualmente é aceita como uma das mais importantes fontes de silício na dieta. Jonathan Powell e seus colegas da Universidade de Cambridge demonstraram de forma ampla os benefícios do consumo moderado de cerveja no combate à osteoporose, em parte por causa dessa alta taxa de silício.

Apesar das claras evidências de que a cerveja (e, em menor escala, o vinho) não constitui calorias vazias, permanece a tendência em algumas pessoas de, em sua ignorância, criticar especificamente a cerveja. Pior ainda, algumas dietas da moda rechaçaram a cerveja de forma injusta. Na dieta de South Beach, Agatson declara que existem carboidratos bons e carboidratos ruins, sendo, os primeiros, polímeros de carboidratos

TABELA 1. COMPOSIÇÃO NUTRICIONAL RELATIVA DA CERVEJA E DO VINHO

Nutriente	Unidades	Vinho branco (150 ml)	Vinho tinto (150 ml)	Cerveja, comum (350 ml)	Ingestão diária de referência*
Composição centesimal					
Água	g	127,7	127,1	327,4	3,7 litros por dia
Energia	Kcal	122	125	153	1.800
Proteína	g	0,1	0,1	1,64	56
Gordura	g	0	0	0	
Cinza	g	0,29	0,41	0,57	
Carboidrato	g	3,82	3,84	12,64	130
Fibra	g	0	0	0**	38
Açúcares	g	1,41	0,91	0	
Minerais					
Cálcio	mg	13	12	14	1.000
Ferro	mg	0,4	0,68	0,07	6
Magnésio	mg	15	18	21	350
Fósforo	mg	26	34	50	580
Potássio	mg	104	187	96	4.700
Sódio	mg	7	6	14	1.500
Zinco	mg	0,18	0,21	0,04	9,4
Cobre	mg	0,006	0,016	0,018	0,7
Manganês	mg	0,172	0,194	0,028	2,3
Selênio	mg	0,1	0,3	2,1	45
Vitaminas					
Vitamina C	mg	0	0	0	90
Tiamina	mg	0,007	0,007	0,018	1,2
Riboflavina	mg	0,022	0,046	0,086	1,3
Niacina	mg	0,159	0,329	1,826	16
Ácido pantotênico	mg	0,066	0,044	0,146	5
Vitamina B_6	mg	0,074	0,084	0,164	1,3
Ácido fólico	µg	1	1	21	400
Vitamina B_{12}	µg	0	0	0,07	2,4
Outros					
Etanol	g	15,1	15,6	13,9	

* Homens de 19 a 50 anos.
** Dados recentes demonstram que há fibra na cerveja.
As orientações nutricionais do Departamento de Agricultura dos Estados Unidos recomendam o máximo de um drinque por dia para mulheres e dois para homens, e um drinque corresponde a 350 ml de cerveja comum ou 150 ml de vinho (12% de álcool por volume). E afirma-se que, nesse nível, não se observa a associação de consumo de álcool a deficiências, seja de macronutrientes ou micronutrientes. Além disso, não há uma associação aparente entre o consumo de uma ou duas doses de bebidas alcoólicas diariamente com a obesidade.

menos digestivos que interrompem a resistência à insulina e tiram a fome. Os carboidratos ruins têm o efeito contrário, segundo se alega. Agatson sugere que a maltose é o pior carboidrato de todos e faz a ridícula declaração de que, visto que a cerveja contém maltose, ela deve ser evitada, sendo esse açúcar, em particular, o responsável pela "barriga de cerveja". A premissa é extremamente ingênua, pela simples razão de que a maior parte da maltose, se não toda ela, é consumida pela levedura durante a fermentação. Embora as imprecisões tenham sido sanadas no *site* da dieta, essas alegações prejudicaram as vendas de cervejas "comuns" e, ao mesmo tempo, reposicionaram algumas cervejas *light*, levando ao surgimento de cervejas com "pouco teor de carboidrato" (*low carb*, que devem conter menos de 7 gramas de carboidrato por porção) e criando ótimas oportunidades de propaganda para os destilados.

Na verdade, muitos vinhos contêm mais açúcar do que a cerveja, mas a principal fonte de calorias na cerveja e no vinho é o próprio álcool. Há muitas opiniões conflitantes sobre o que isso significa em termos de ganho de peso; além disso, existe alguma razão mística para que as calorias na forma de álcool engordem mais do que as calorias das proteínas, das gorduras ou dos carboidratos.

Mas que dizer da barriga de cerveja? Wannamethee e Shaper (2004, pp. 365-375), do Departamento de Saúde Pública da Escola de Medicina do Royal Free Hospital, concluem:

EMBORA ESTUDOS METABÓLICOS INDIQUEM DE FORMA BASTANTE INEQUÍVOCA QUE O CONSUMO DE ÁLCOOL, MESMO EM QUANTIDADES MODERADAS, CONTRIBUI PARA O GANHO DE PESO, A EVIDÊNCIA EPIDEMIOLÓGICA SOBRE A RELAÇÃO ENTRE A INGESTÃO DE ÁLCOOL E O PESO CORPORAL COM BASE EM ESTUDOS TRANSVERSAIS É CONFLITANTE

[VINHOS *VERSUS* CERVEJAS]

[...] ACHADOS [...] SUGEREM QUE A INGESTÃO DE LEVE A MODERADA NÃO ESTÁ ASSOCIADA COM O GANHO DE PESO, MAS A INGESTÃO MAIS INTENSA (> 30 G DE ÁLCOOL POR DIA) CONTRIBUI PARA O GANHO DE PESO E A OBESIDADE EM HOMENS E MULHERES. DADOS GERAIS DE ESTUDOS PROSPECTIVOS APOIAM O CONCEITO DE QUE O ÁLCOOL É UM FATOR DE RISCO PARA A OBESIDADE, COMO SE PODERIA ESPERAR QUE ACONTECESSE SE A ENERGIA DERIVADA DO CONSUMO DE ÁLCOOL FOSSE ACRESCENTADA À INGESTÃO DIÁRIA DE ALIMENTOS.

Um fator que deve ser cuidadosamente considerado no caso daqueles que contam calorias é o volume que consomem. Algumas pessoas ficam muito perturbadas somente com o volume da cerveja e preferem ingerir álcool em doses menores e mais concentradas. Assim, elas julgam que podem tomar duas taças de vinho, mas apenas uma porção de cerveja. Para um vinho com 100 calorias por porção, isso significa que elas estão ingerindo 200 calorias, ao passo que estariam consumindo apenas 150 calorias tomando uma cerveja comum, e apenas 100 calorias no caso de uma cerveja *diet*.

O resveratrol, que alguns ainda acreditam ser um ingrediente ativo que faz do vinho tinto a melhor pedida para combater a arteriosclerose, manifestou-se de novo quando a questão era combater a obesidade. Um estudo feito na Escola de Medicina de Harvard e no Instituto Nacional do Envelhecimento constatou que camundongos que receberam doses de resveratrol mostravam-se mais capazes de superar os impactos negativos de uma dieta hipercalórica. O ligeiro problema é que, para que os mesmos benefícios se apliquem aos seres humanos, quando se leva em consideração o resveratrol encontrado no vinho tinto, o aficionado por vinho precisaria consumir de 750 a 1.500 garrafas por dia.

[OS BENEFÍCIOS DO VINHO E DA CERVEJA PARA A SAÚDE]

Por acaso, Sonia Collin e seus colegas da Universidade Católica de Louvain, na Bélgica, encontraram resveratrol no lúpulo. O pessoal do vinho não pode mais alegar que essa substância só está presente na bebida deles. Um último ponto de diferença entre o vinho e a cerveja: o vinho invariavelmente contém adição de sulfitos, ao passo que a cerveja, principalmente nos Estados Unidos, não.

CAPÍTULO 11

CONCLUSÕES SOBRE A CERVEJA, O VINHO — E O FUTURO

[CONCLUSÕES SOBRE A CERVEJA, O VINHO – E O FUTURO]

Joe foi um de meus melhores alunos. Ele tinha sede de conhecimento sobre a cerveja. Devorava a literatura sobre o assunto, frequentava as aulas compulsivamente, fazia perguntas perceptivas e apaixonadas e era espetacular na produção experimental dessa bebida, fabricando cervejas de sublime excelência. Ele também tem a palavra *"beer"* tatuada em toda a extensão de sua vasta barriga, em enormes letras góticas. Isso já diz tudo. Não posso imaginar os especialistas em vinho do *campus* da universidade em que trabalho – ao que parece, mulheres e homens em mesmo número – adornando sua pança com nomes como "Pinot Noir", nem que fosse com hena. Talvez uma tatuagenzinha sutil em alguma região saborosa e sofisticada.

Muitos desses viticultores frequentam minhas aulas sobre cerveja. Eles, em geral, aceitam a provocação bem-intencionada (assim como os engenheiros químicos, que orgulhosamente se identificam quando circulo pela classe no início do semestre, antes que eu os faça lembrar de que eles não têm alma e não percebem a beleza inerente aos sistemas biológicos). Após cerca de quatro semanas, quando finalmente chegamos à levedura e à fermentação, eu me delicio em dizer aos alunos de

[VINHOS *VERSUS* CERVEJAS]

viticultura e enologia que, se essa fosse uma aula sobre vinhos, teríamos chegado à fermentação no primeiro dia. "Credo, é só amassar umas uvas e já se pode adicionar a levedura – se é que alguém precisa se dar ao trabalho de fazer isso. Sempre é possível apenas deixar que a microflora contaminante faça o serviço." Trata-se, é claro, de uma brincadeira bem-intencionada, mas, falando mais sério, lembro aos alunos que existe realmente uma série de estágios muito mais complexa que um fabricante de cerveja (e, antes dessa pessoa, o fabricante de malte) deve cumprir com precisão e consistência antes que o nobre *Saccharomyces* entre em cena. E isso, para os maiores fabricantes de cerveja, ocorre 24 horas por dia, 365 dias por ano. Isso sim é que é paixão.

Apesar disso, os fabricantes de vinho se apropriaram do *status* mais alto. Em um prestigioso jantar no *campus*, fui ao bar.

– O que o senhor deseja beber: vinho tinto ou branco?

– Que cervejas vocês têm?

– Nenhuma, senhor, mas temos água com gás.

Há cerca de dois anos, fui a um jantar na casa de um dos mais importantes funcionários da universidade. Perguntei por que não havia cerveja, apenas vinho. A resposta foi "mas esta é uma noite de gastronomia". A realidade é que a cerveja provavelmente é um acompanhamento para refeições tão bom quanto o vinho – mas logo falaremos mais disso.

Luto por uma maior reverência pela cerveja em países como os Estados Unidos. Ela existe em pouca quantidade, mas, com certeza, não chega nem perto do que se observa em alguns outros países. Tome-se a Bélgica, país sobre o qual já comentei. A cerveja certa, no copo certo, do formato certo, com o emblema certo. *Isso* sim é dar um tratamento justo à cerveja.

[CONCLUSÕES SOBRE A CERVEJA, O VINHO – E O FUTURO]

No entanto, com bastante frequência, o tratamento dispensado à cerveja por aí é criminoso. Aventure-se a entrar em um bar nos Estados Unidos, e terá sorte se lhe derem um copo quando você pedir uma cerveja; na maioria das vezes, a garrafa é, sem cerimônia alguma, plantada na mesa diante de você. Se o copo realmente vier, então o garçom vai atenciosamente se esforçar para servir o líquido com rigorosa contenção, decantando-o com cuidado pela parede do copo, em uma tentativa de evitar a formação de espuma. Perdi a conta das vezes em que disse a essas pessoas que a espuma é parte integrante da cerveja – ou, mais que isso, é fundamental – e que elas devem derramar o líquido com vigor diretamente no fundo do copo, para que eu possa admirar a gloriosa brancura do colarinho. Por outro lado, é bastante comum que, quando um copo aparece, fique evidente que foi mal lavado. As horríveis bolhas grandes na parede dele provam a presença de depósitos de gordura.

Mas, quando se trata do vinho, a situação é completamente outra. "Uma garrafa do Chateau Exhorbitante de Lucreaux, senhor? Sem dúvida, uma escolha excelente." Momentos depois, lá vem o garçom que, com a referida garrafa, toalha branca sobre o braço, apresenta com mestria o rótulo, esperando minha confirmação de que realmente tenho o incrível bom gosto de ter selecionado essa sofisticada bebida. O invólucro metálico será cortado e removido, e a rolha, puxada com a devida cerimônia, será colocada adoravelmente diante de mim. Com um floreio, uma pequena porção do néctar será despejada na taça e o *sommelier* ficará ali em pé, um passo atrás, esperando. Trago a taça até perto do nariz e experimento o *bouquet* (claro que, conhecendo o ritual, nunca experimento a bebida) antes de anunciar que está tudo bem e meus amigos e eu podemos assinar o recibo desse presente dos deuses. A garrafa, se o vinho for branco, será mergulhada em um fabuloso balde de gelo, e o garçom vai partir com um olhar invejoso.

Toda essa cerimônia poderia ser dispensada à cerveja, mas não é o que acontece. Espera-se que você a beba diretamente da garrafa. Nunca alguém é convidado a beber um Mouton Rothschild Chateau desse jeito.

É tudo teatro. Para o vinho, é espetáculo de luxo. Para a cerveja, uma encenação barata e banal. E a realidade é que a cerveja é, para mim e para qualquer *bon vivant* genuinamente bem-informado e exigente, tão Lawrence Olivier quanto o vinho.

Cerveja e comida

O amplamente aceito clichê afirma que vinho tinto combina com carne vermelha, vinho branco com aves e peixes – e cerveja, com *pizza*. Ainda bem que houve recentemente uma série de estudos que desbancaram toda a convicção de que existem combinações ideais de bebidas alcoólicas e determinadas comidas. Particularmente foi feita uma análise das combinações de vinhos e queijos. Sugeriu-se que o vinho adequado para dado queijo é aquele que vem do mesmo país ou região. Talvez haja algum sentido nisso, não apenas para vinhos e queijos, mas para qualquer combinação de bebida e comida. Talvez processos de seleção natural na mesa do jantar afunilem as ofertas de comida e bebida, chegando àquelas que mais combinam umas com as outras. E, assim, para a cerveja, podemos ter *pizza* e cerveja Peroni, curry vermelho tailandês com cerveja Singha, rosbife com uma Bass.

No caso de vinhos e queijos, outro clichê se revela na alegação de que a intensidade dos sabores de ambos deve estar em equilíbrio. Nada de um queijo forte e rançoso com um vinho branco delicado. Nada de queijo suave com um vinho tinto amadeirado e tânico. Nesse caso, mais uma vez, certamente podemos extrapolar para qualquer combinação de comida e bebida.

Marjorie King e Margaret Cliff examinaram combinações de nove queijos canadenses e dezoito vinhos, para constatar que os brancos combinavam com uma gama mais ampla de queijos, e que, quanto mais forte o sabor do queijo, mais difícil era encontrar um vinho para combinar com ele. O mais sintomático é que King e Cliff relataram que cada juiz variou muito em suas avaliações de cada combinação, o que refletiu a importância de preferências e expectativas pessoais. Também se enfatizou que esse estudo não considerou outros componentes alimentares. Poucos de nós conseguimos manter uma dieta de queijos e vinhos apenas, menos ainda os cervejeiros. Mas não se pode perder de vista que determinado vinho ou cerveja talvez não combine necessariamente com todos os itens da obra-prima culinária de algum *chef*. Para finalizar, King e Cliff afirmam: "Os indivíduos devem ser encorajados a fazer experiências para, então, determinar suas próprias preferências".

Uma colega e amiga minha, Hildegarde Heymann, valeu-se de um grupo de degustadores profissionais para avaliar o sabor de oito vinhos antes e depois de provarem vários queijos. Ela constatou que atributos como adstringência e notas de carvalho diminuíam substancialmente após a ingestão de queijo. Apenas um aroma ficou intensificado – muito naturalmente, o de laticínios. Em outras palavras, o efeito do queijo foi o de "diminuir" o impacto do sabor do vinho, quando o objetivo deveria certamente ser que um "complementasse" o outro. Hildegarde concluiu que as pessoas podem preferir qualquer queijo com qualquer vinho.

Que há um componente fisiológico e também um componente psicológico, está claro. Nosso corpo realmente nos diz do que precisamos. Quando estamos com uma alta concentração de sal, seja por causa de um alimento ou porque perdemos água durante exercícios físicos, recebemos o sinal para tomarmos água. Existem células no hipotálamo, na base do cérebro, que monitoram os níveis de sódio e potássio nos fluidos do corpo. Se eles ficam muito altos, então, a sensação de sede é desencadeada. O mesmo se aplica com a secura das comidas – é o caso de água, por favor. E certamente isso significa cerveja, muito mais que vinho!

Todos nós temos milhares de papilas gustativas, e cada uma delas se constitui de uma massa de células e fibras nervosas. Sabe-se que existem proteínas na superfície das células que interagem com diferentes moléculas ativas de sabor. Essa interação leva a uma mudança no formato da proteína e também na permeabilidade das membranas que, por sua vez, geram uma corrente elétrica sentida pelas fibras nervosas. Segue, então, a mensagem para o cérebro, que nos diz se estamos sentindo amargo ou doce, e assim por diante.

A maioria dos sabores dos alimentos não é, claro, detectada explicitamente como sabor, mas como aroma, pelo nariz.

As células olfativas são células nervosas, que terminam em cílios, os quais basicamente se agitam em um muco viscoso para detectar moléculas de aroma. Mais uma vez, a teoria é de que as moléculas se encaixam em locais receptores específicos de uma membrana.

Sem dúvida, cada alimento contém uma mistura de moléculas que vão reagir com as papilas gustativas e com as células olfativas. E, assim, algumas substâncias tenderão a interferir na ação de alguns compostos, ao passo que outras parecem promover uma sensação derivada de determinados elementos da dieta. Dessa forma, a cinarina da alcachofra bloqueia os receptores de azedo, salgado e amargo, fazendo tudo ter gosto doce. Extratos da planta indiana *Gymnema sylvestre* bloqueiam o sabor doce. Alternativamente, a lendária substância umami, o glutamato monossódico, intensifica os sabores salgado e amargo. Componentes do peixe defumado parecem intensificar o caráter metálico da cerveja.

Também devemos levar em consideração o tempo que um alimento e uma bebida ficam em contato com nossos receptores de aroma e sabor durante uma refeição. Será que uma bebida subtrai receptores, levando embora moléculas de sabor? De modo contrário, pode haver acúmulo de materiais que bloqueiam a percepção de outros sabores, como as camadas de gordura, que interferem na ligação de polifenóis com proteínas, responsáveis pela sensação de adstringência ou amargor, dependendo do tamanho do polifenol. Da mesma maneira, se existem polipeptídeos em um alimento, que se ligam com polifenóis mais rapidamente do que com as partes detectoras da boca, pode-se esperar que eles suavizem a adstringência de uma bebida com alto nível de polifenóis. Portanto, as proteínas do queijo moderam a adstringência do vinho tinto, da cidra ou de uma bebida tânica. Podem até ocorrer reações entre o alimento e a bebida, levando a novas substâncias ativas de sabor.

Infelizmente, muito nessa área ainda não foi analisado em termos fisiológicos, psicofísicos ou organoléticos. Nós aprendemos com base em experiências, muitas vezes sem nem mesmo saber de quem.

Algumas noções parecem lógicas. Assim, um drinque de sabor leve complementa um alimento de sabor suave. Quando falamos de cerveja, um exemplo pode ser salmão defumado e uma Lager light norte-americana. Em contrapartida, filé e torta de rim talvez combinem com uma Ale inglesa. Pode até haver um fenômeno visual em ação – a coloração de uma crocante torta de carne exige, no mínimo, os ricos tons vermelhos ou castanhos de uma cerveja. Da mesma forma, um peixe bem claro parece mais adequado para uma Lager de cor delicada.

Também se pode esperar alguma complementaridade entre um alimento e uma cerveja para que se atinjam as notas mais importantes de sabor nos dois elementos. Poucos de nós gostamos de contrastes explícitos. Uma cerveja muito amarga realmente não combina com uma sobremesa excessivamente doce. Mas alguns contrastes e complementos funcionam, e questionar alguns de nossos enraizados preconceitos pode ajudar. Dessa forma, muitas pessoas comem carne de porco com compota de maçã; então, isso significa que carne de porco combina com cervejas frutadas? Que dizer então dos *maltesers*, bolas de caramelo maltado cobertas de chocolate? Será que nos convidam a provar cervejas Ale realmente maltadas e achocolatadas, com pouco amargor e leves em lúpulo?

Debbie Parker, da organização Brewing Research International (BRI), examinou o impacto de amendoins torrados e secos no perfil de sabor de uma Ale. Os amendoins, ao que parece, suavizaram o caráter lupulado e maltado, ao mesmo tempo tornando a cerveja mais doce e menos amarga. Da mesma forma, os amendoins ficaram menos secos e salgados – mas suponho que isso seria de se esperar, por causa da ingestão de líquido.

Parker sugeriu que a acidez das cervejas "corta" o caráter oleoso, amanteigado e cremoso dos alimentos. Ao mesmo tempo, ela sugere que o salgado dos alimentos acentua a adstringência dos polifenóis. Em um estudo sobre o consumo combinado de *chicken fajitas*, iguaria mexicana picante, e um tipo específico de cerveja, a conclusão da BRI foi de que, como já se esperaria, houve diminuição do caráter oleoso e salgado do alimento, com intensificação dos aromas de cebola, frango e pimenta. É claro que também houve diminuição do sabor picante. O que não foi mencionado nesse estudo, mas que talvez tenha alguma importância, é que o grau de carbonatação pode também ser importante aqui. O dióxido de carbono reage com os mesmos nervos trigêmeos que interagem com o *chilli* – talvez eles entrem em competição, o que significa que uma cerveja de alta carbonatação pode suavizar o sabor apimentado mais do que uma bebida de baixa carbonatação. Simples conjectura da minha parte, mas é bastante frequente isso acontecer em casos de combinações de alimentos e bebidas.

[VINHOS *VERSUS* CERVEJAS]

É melhor não forçar as combinações de alimentos e bebidas. Algumas que encontro em minhas viagens pelo mundo são simplesmente idiotas. Na verdade, a questão é o que funciona para cada pessoa. Stout com *cornflakes* no café da manhã pode ser a preferência de alguém, mas eu pessoalmente não recomendo. É bom lembrar que o vinho não tem absolutamente nada de peculiar que o transforme no melhor acompanhamento para qualquer comida. Na verdade, as propriedades reidratantes da cerveja provavelmente a tornam mais adequada para acompanhar muitos pratos. Mas, pensando bem, vamos ter cuidado, porque o mesmo se aplica à água.

Cerveja para a ocasião certa

Simplesmente é fato que existem mais ocasiões para beber cerveja do que para beber vinho. As pessoas podem ou não concordar comigo na questão de a cerveja ser adequada para acompanhar refeições na mesma frequência que o vinho. Mas poucos discordariam que o vinho dificilmente poderia superar a cerveja após exercícios físicos. Ou em um estádio esportivo. Ou quando se vai pescar.

E é simplesmente fato que existe um leque muito mais amplo de escolhas para tipos de cerveja do que para tipos de vinho. Para vinhos não fortificados, temos basicamente tintos, brancos e rosé, com o teor alcoólico variando entre 10% e 15% ou um pouco mais. Espumantes ou não espumantes. E sabor derivado de uvas, levedura, ação de bactérias e madeira.

No caso das cervejas, entretanto, temos todas as cores, da mais clara até a preta, e teores alcoólicos que variam de essen-

[CONCLUSÕES SOBRE A CERVEJA, O VINHO – E O FUTURO]

cialmente zero a 24% ou mais, além de sabores que se originam do malte, outros cereais, levedura, outra microflora, água, lúpulo, madeira, fruta, chocolate, especiarias, legumes, guaraná, cafeína, ginseng... a lista continua. Temos diversos níveis de carbonatação; temos o gás nitrogênio. E, além do mais, os fabricantes têm controle. Raríssimas são as cervejas que variam de forma significativa de um lote para o outro. Não existe para a cerveja o conceito de safra.

O que não significa que não poderia haver. Seria inteiramente plausível que os fabricantes de cerveja relaxassem sua guarda e permitissem mudanças intencionais na embalagem final (lembrando que existem algumas cervejas que já são deliberadamente comercializadas desse jeito, principalmente produtos naturalmente acondicionados). Minha tese é de que isso poderia ser feito com qualquer cerveja, formando parte do mistério. E, assim, de forma exatamente análoga ao que acontece com o vinho, seria permitido a uma cerveja mudar e, talvez, ser premiada pelos sabores que desenvolvesse. "Ei, venha cá, eu tenho uma Schlitz 1991 que você precisa provar. Ela tem uma nota divina de Xerez, mesclada com brotos de groselha preta e palha úmida, além de um leve toque de pergaminho molhado."

Besteira? Claro que é, mas não é menos besteira do que aquilo que acontece no mundo dos vinhos, mundo em que se tolera a diferença que pode existir nos vinhos engarrafados de um ano para o outro. Isso se chama "safra". E infeliz do funcionário de uma cervejaria que prima pela qualidade se seu superior detectar que um lote de cerveja não corresponde perfeitamente ao que se espera de determinada marca. Desculpas como "bem, este ano não foi muito bom para o lúpulo" não convencem.

No capítulo 1, encontramos o homem que lamentava o fato de os cervejeiros lutarem para obter consistência e previsibilidade. Seja em relação a um livro ter todas as páginas no lugar certo, ou aos freios de um automóvel funcionarem toda vez que são acionados, ou, ainda, a um avião que decola pontualmente, as pessoas esperam qualidade e desempenho. Então, por que tolerar a variação em um vinho? Como foi que surgiu todo o conceito de *vintage* e *premium*, para não falar em preços absurdos?

Nos olhos de quem vê

Não há dúvida de que o vinho é percebido como uma bebida muito mais sofisticada que a cerveja. Infelizmente, os produtores de cerveja atiraram no próprio pé nesse aspecto. Com demasiada frequência, suas propagandas envolvem humor de baixo nível. Não ajuda ninguém as microcervejarias darem a entender que as grandes produtoras não passam de fábricas (o que simplesmente não é verdade – as empresas grandes mantêm um padrão de qualidade excelente que algumas das cervejarias pequenas deveriam emular). E, quando acontece de uma cervejaria das grandes atacar os produtos de uma concorrente mais bem-sucedida, em quem devemos acreditar? A resposta é que o consumidor comum não confia em ninguém no ramo das cervejarias (pelo menos não no caso das produtoras em grande escala) e se volta para o ramo do vinho, em que ninguém detona o outro e todos vão para o banco sorrindo.

[CONCLUSÕES SOBRE A CERVEJA, O VINHO – E O FUTURO]

Uma de minhas alunas, Christine Wright, pesquisou a fundo a disposição mental dos consumidores. Pediu a pessoas que visitavam uma vinícola no Napa Valley e outras em um *tour* por uma fábrica de cerveja da Califórnia que classificassem as bebidas de acordo com o benefício que traziam à saúde. Constatou-se uma esmagadora crença na superioridade do vinho e a cerveja foi percebida como uma bebida que nem chegava aos pés do vinho em termos benefício à saúde. Mas, então, Christine apontou alguns fatos sobre a cerveja, observando que ela era pelo menos igual ao vinho no combate à arteriosclerose e que a cerveja na verdade continha mais nutrientes que o vinho, como vitaminas e fibras. A classificação da cerveja melhorou, mas ainda ficou abaixo do vinho, tanto o branco quanto o tinto.

Ao que parece, mensagens populares, mas ridiculamente imprecisas, dominam a cena, como: "Evite vinho, destilados e, acima de tudo, cerveja" (*A dieta de South Beach*); ou "Em relação às bebidas alcoólicas, todos sabem que elas engordam, especialmente a cerveja e as bebidas fortes" (*Suzanne Somers' Fast and Easy* [*Rápido e fácil de Suzanne Somers*]); ou, ainda, "Penso na cerveja e no vinho como açúcar líquido" (*Your Last Diet! A Sugar Addict's Weight-Loss Plan* [*Sua última dieta! Um plano de perda de peso para viciados em açúcar*]).

Na realidade, parece que os benefícios para a saúde – supostos ou verdadeiros – não são a principal consideração quando se está comprando uma bebida (e na última parte do estudo, Christine pesquisou em todos os Estados Unidos). Em ordem decrescente de importância estavam o sabor, o que a pessoa estava fazendo enquanto consumia a bebida, o lugar, o horário, o preço, como a pessoa se sentia depois de consumi-la, a comida que acompanhava, a companhia, o tamanho da porção, o teor alcoólico, o clima, os benefícios para a saúde, as calorias e os carboidratos. As pessoas entrevistadas ofereceram respostas como as seguintes:

- O fato de uma bebida fazer bem para a saúde influencia pouco minhas escolhas.
- Bebo as bebidas alcoólicas que aprecio e não me preocupo com seus valores nutricionais.
- Sou fiel a minha marca ou a meu tipo preferido de bebida alcoólica.
- Geralmente tento seguir uma dieta saudável e balanceada.

No entanto, quando questionadas a respeito da composição das cervejas, as pessoas se mostraram assustadoramente ignorantes. Poucas sabiam que a cerveja contém vitaminas e antioxidantes. E um grande número delas acreditava que há na cerveja algumas coisas que decididamente *não* estão presentes em quantidades significativas, como gorduras, gorduras *trans*, adoçantes artificiais, conservantes e corantes artificiais.

Existe um grande trabalho de educação sobre a cerveja a ser feito. E não são os fabricantes que podem fazê-lo, nem mesmo professores universitários que, segundo se pensa, estão defendendo os próprios interesses. O simples fato é que, de alguma forma, o vinho é percebido como superior.

E não pode ser porque a fabricação do vinho é mais exigente em termos técnicos – ela não é. A trajetória da cevada, água e lúpulo até a cerveja é muito mais complicada que a trajetória da uva até o vinho. De fato, lembro-me bem de terem me pedido para escrever um artigo sobre o que o fabricante de cerveja pode aprender com o viticultor. Fui, então, consultar um professor de enologia – porque, como eu disse a ele, não conseguia pensar em nada.

Como vimos, o vinho não é melhor para as pessoas. Não existem argumentos sustentáveis para afirmar que o vinho acompanha melhor alimentos do que a cerveja – na verdade, eu diria, por exemplo, que qualquer comida asiática combina muito mais com uma cerveja do estilo Lager do que com vinho.

E não é porque o vinho tem mais intensidade ou complexidade de sabor. Posso servir uma cerveja de alto teor alcoólico e a pessoa detectará exatamente as mesmas sutilezas de aroma que são percebidas no vinho – com aromas do malte e do lúpulo de contrapeso. Não podemos esquecer de que há cerca de dois mil componentes na cerveja e apenas metade disso no vinho. Na verdade, é como tentar comparar chá com café. São bebidas claramente diferentes, mas não tanto assim.

Estamos falando de imagens. Nos Estados Unidos, Napa e Sonoma – vales vinícolas – são regiões muito mais belas e atraentes do que Milwaukee e St. Louis (regiões cervejeiras). O vinho poderia ser associado a uma revista tradicional como a *New Yorker*, e, com bastante frequência, a cerveja seria comparada a um semanário vagabundo. É como comparar um jornal como *The New York Times* a um tabloide de imprensa marrom. É um programa elaborado de TV a cabo contra uma novela das mais populares. É pretensão *versus* pragmatismo.

Tudo somado, o pessoal do vinho fez um trabalho fantástico, ao passo que o setor cervejeiro e muitas pessoas a ele associadas meteram os pés pelas mãos. A cerveja é mais exigente em termos técnicos, mais repleta em termos científicos, mais saudável e complexa. No entanto, ela é "percebida" como inferior ao vinho. Felizmente, houve algumas ações para melhorar esse equilíbrio, como a campanha *Here's to Beer*, que convidava a brindar à cerveja. Mas ainda há muito a fazer.

Pistas

Existem pistas sobre o que os fabricantes de cerveja podem fazer para mudar o rumo das coisas. Um exemplo claro é o valor da tradição e da procedência nacional.

Há algum tempo, um colega, nos Estados Unidos, examinou a preferência das pessoas em relação a cervejas de fabricação nacional e as importadas. Quando os sujeitos viam as garrafas das cervejas que estavam consumindo, com os rótulos orgulhosamente exibidos, havia uma evidente vantagem para os produtos importados, que eram considerados melhores. Entretanto, quando a degustação das cervejas era "cega" e os bebedores não tinham ideia de que cerveja estavam provando, não houve preferência significativa. As cervejas fabricadas nos Estados Unidos foram consideradas iguais às importadas. Eu não fiz esse estudo, mas apostaria no fato de que uma pesquisa equivalente (realizada em algum outro país com a cerveja nacional dali e cervejas importadas dos Estados Unidos) mostraria conclusões semelhantes, mas em relação inversa. Em vários países da Europa, por exemplo, a ideia dos Estados Unidos se associa ao que é *sexy*, jovem e energizante.

O surpreendente é que as cervejas importadas desse estudo tinham características maduras (papelão, *lightstruck*) que são universalmente consideradas detestáveis pelas pessoas do ramo da cerveja. Entretanto, por causa do rótulo, os participantes as preferiram. Com certeza, isso diz tudo. Não é pelo mesmo motivo que uma garrafa de vinho tinto medíocre que traz o rótulo de um *chateau* prestigioso alcança preços vergonhosamente altos, ao passo que um produto tecnicamente excelente com uma etiqueta de preço de 2 dólares é criticado por ser ruim?

O fato é que há aqueles no mundo do vinho que introduziriam os mesmos princípios de luta por consistência e controle, mas que são algumas vezes criticados por seus esforços. Leo McCloskey, da Enologix, busca mostrar que, pela análise e pelos registros feitos por computadores, é possível planejar a produção do vinho de acordo com características específicas a ser controladas. Parece, entretanto, que a arte sempre triunfará sobre a ciência na fabricação do vinho. É o charme dominando o controle.

Há gente no mundo dos vinhos – infelizmente, muitas vezes, tratadas como *persona non grata* – que reconhece isso. Líder entre elas é Fred Franzia, cuja história já foi comentada no capítulo 6. Franzia adquiriu os direitos da marca Charles Shaw, em 1995, por 25 mil dólares, época em que a Califórnia tinha pouco mais de 140 mil hectares de uvas viníferas plantadas. Sete anos depois, 80 mil hectares de uvas tinham sido acrescentados e Franzia mudou-se para esse terreno adicionado a fim de lançar seu vinho, conhecido popularmente como *Two Buck Chuck* ("Zeca Duas Merrecas"). Um vinho que, no momento em que escrevo estas linhas, vende até 5,5 milhões de caixas por ano. Foi inúmeras vezes contada a história de quando, em um teste cego, um dos vinhos dessa coleção foi selecionado como finalista em uma importante degustação. Os fabricantes de vinho da Califórnia não gostam de comentar o fato; a mesma postura têm os especialistas franceses que se deliciaram em uma degustação na qual os vinhos californianos levaram todos os prêmios. Apesar disso, qual de nós, querendo impressionar convidados em um jantar, serviria um vinho que todos sabem que custa apenas 2 dólares? Fred Franzia vende cerca de 20 milhões de caixas de todas as suas marcas anualmente e é, de fato, um defensor dos consumidores, sendo sincero sobre os preços cobrados nos restaurantes. Ele diz que nenhum vinho vale mais de 10 dólares a garrafa. Muitos vinicultores de localidades como Napa estão afundados em dívidas e oferecendo no mercado bebidas que não são obviamente melhores (na percepção da maioria das pessoas) do que as comercializadas por Franzia.

Custo

Portanto, é bom tomar um distanciamento e analisar as compras por diferentes parâmetros. E não estou falando aqui dos preços exorbitantes pagos em restaurantes esnobes, mas do custo de comprar um produto supostamente mediano no supermercado.

Digamos que temos um respeitável Cabernet Sauvignon a um preço médio de 10 dólares a garrafa de 750 mℓ. Sabendo que uma garrafa contém seis porções, podemos estimar que cada taça custa cerca de 1,65 dólar.

Em seguida, compramos um pacote com seis latas de Premium Ale, ao preço de 6 dólares. Isso significa 1 dólar por porção.

[CONCLUSÕES SOBRE A CERVEJA, O VINHO – E O FUTURO]

Suponhamos que o vinho tinto tenha 15% de álcool, e a cerveja, 5%. Então, temos 9 centavos por ml de álcool no caso do vinho, e 6 centavos por ml no caso da cerveja.

Acho que foi o lendário Robert Mondavi que disse: "É preciso muita cerveja boa para fazer um bom vinho". O sentimento é de que os vinicultores apreciam sua cerveja e vão bebendo dela enquanto esperam seu vinho fermentar. Pessoalmente, prefiro o sentimento expresso no século XVI, de que:

O VINHO É SÓ UM CALDO
CERVEJA É COMIDA, BEBIDA E COBERTOR.

Entretanto, o fato é que a cerveja não é valorizada no mercado. Recentemente, recebi um grupo de produtores de cerveja de uma empresa grande e conhecida. No restaurante, cada um de nós pediu um de seus produtos *premium*. Daquela vez, os copos vieram, mas em cada um havia uma azeitona rolando. Questionei, mas me responderam que aquilo era um "coquetel de pobre".

Já passa da hora de essas imagens e suposições ridículas serem eliminadas. Certamente, há cervejas que são para ocasiões rotineiras, para molhar a garganta e curtir. Mas, dentre os produtos disponíveis, há uma rica diversidade, uma bebida para cada ocasião imaginável e para todos, homens ou mulheres com idade legal.

Diversão, festas e alegria, ou tradição e saudade; existe uma cerveja para cada situação. A cerveja – pão líquido – combina muito bem com uma boa qualidade de vida.

Vinho e cerveja – ambas bebidas maravilhosas, resultados sublimes dos mais antigos esforços agrícolas do ser humano. Eles têm muito a aprender um com o outro.

LEITURA COMPLEMENTAR

Cerveja

Meu egotismo é suficiente para citar, como a melhor leitura introdutória sobre cerveja, um livro de minha autoria:
Beer: Tap into the Art and Science of Brewing. 2ª ed. Oxford University Press, 2003.

Também não posso ignorar o único livro que trata explicitamente de questões relacionadas à cerveja na dieta, do mesmo autor:
Beer: Health and Nutrition. Blackwell Publishing, 2004.

Para quem quer conhecer a história da cerveja, recomendo:
HORNSEY, Ian S. *A History of Beer and Brewing*. Royal Society of Chemistry, 2003.

Para estilos de cerveja, há uma série inteira publicada pela:
Brewers Association (visite http://www.beertown.org/).

Leitores interessados em textos mais detalhados sobre os processos de produção (da passagem da cevada para a cerveja no ponto de venda) devem escolher entre:
BAMFORTH, C. W. *Brewing: New Technologies*. Woodhead, 2006.
BRIGGS, D. E. et al. *Brewing: Science and Practice*. Woodhead, 2005.
PRIEST, F. G. & STEWART, G. G. (orgs.). *Handbook of Brewing*. CRC Press/ Taylor & Francis, 2006.

Por fim, a obra da qual foi extraída a citação no capítulo 10 é:
WANNAMETHEE, S. G. & SHAPER, A. G. "Alcohol, Overweight, and Obesity". Em WATSON R. R. & PREEDY, V. R. (orgs.). *Nutrition and Alcohol: Linking Nutrient Interactions and Dietary Intake*. CRC Press, 2004.

[VINHOS *VERSUS* CERVEJAS]

VINHO

Duas boas leituras sobre a história do vinho são:
McGOVERN, Patrick. *Ancient Wine: the Search for the Origins of Viticulture*. Princeton University Press, 2003.
PHILLIPS, Rod. *Uma breve história do vinho*. Record, 2003.

Questões científicas são tratadas em:
JACKSON, R. S. *Wine Science: Principles, Practice, Perception*. Academic Press, 2000.
SANDLER, M. & PINDER, R. *Wine: a Scientific Exploration*. Taylor & Francis, 2003.

Para viticultura e produção de vinho, considere:
BOULTON, R. B. *et al. Principles and Practices of Winemaking*. Springer, 1996.

O sabor do vinho é tratado em:
CLARKE, R. J. & BAKKER, J. *Wine: Flavor Chemistry*. Blackwell, 2004.

E há muitos livros sobre videiras, estilos e seus países de origem. Como um dos mais econômicos e menos pretensiosos do gênero, você pode considerar:
MacNEIL, Karen. *A bíblia do vinho*. Ediouro, 2003.

Para vinho e saúde, recomendo:
FORD, Gene. *The Science of Healthy Drinking*. Wine Appreciation Guild, 2003.

ÍNDICE

ácido ferúlico, 226
ácidos amargos
    estabilização da espuma da cerveja, 163-164
    seu impacto na qualidade, 133-134
açúcar
    invertido, 126
    quantidade na uva, 93
açúcares do milho, 126
afinamento, 110
água
    sua composição para a fabricação de cerveja, 130-131
    sua importância para a fabricação da cerveja, 130
    sua importância para a qualidade da cerveja, 171
álcool, principal fonte de calorias no vinho e na cerveja, 241
Ale
    acondicionada em barris, 142
    definição, 195-196
    de Flandres, 205-206
    escocesa, 198
    significado original de, 67
    tradicional, 88
    vermelha, 203
Alemanha, 188-189
Allsopp's, 198
Alt, 203
amamentação, impacto da cerveja na, 233
amido, principal fonte de açúcar para a fabricação da cerveja, 117
Anchor Brewing Company, 52
Angelica, 151, 182, 183
Anheuser-Busch, 27, 76, 214
antioxidante
    níveis iguais no corpo advindos do vinho e da cerveja, 230
    só é ativo se absorvido pelo corpo, 226

apetite, estimulação pelo álcool, 234
Aristóteles, 53-54
arquetes, 150
arroz, 116, 126, 162, 167
   em flocos, 126
   granulado, 126
arteriosclerose
   cerveja e vinho semelhantes no combate à, 225-226
   risco reduzido devido ao consumo de álcool, 224-225
Associação de Mestres Cervejeiros das Américas, 73
Austrália, 189
aveia, 116

backslopping, 34, 53
bagaço, 106
Balling, 101
bappir, 49, 51, 55
Barefoot, John, 227
barriga de cerveja, mito da, 241
Bass, 87, 88, 198, 251
   triângulo vermelho, mais antiga marca registrada, 88
Baum-Baicker, Cynthia, 229
Baverstock Jr., James, 70-71
beading (colar de contas), 163
Beaujolais, 109, 188
bebidas alcoólicas, as primeiras, 33
bebidas *ice*, 220
Beecher, Lyman, 78
Bélgica, cultura da cerveja na, 20
benefício psicológico, do consumo moderado de álcool, 229
benefícios para a saúde, compreensão histórica, 37
Bíblia, 39-40, 54
bitter, tipo de cerveja, 197
Black and Tan, 219
Black, Samuel, 223-224
Black Velvet, 219
Bock, 209-210
Bode, Guenther, 231
Borgonha, 109, 188
Botrytis cinerea, 100-101
bouquet, 153
bouza, 53
Bramah, Joseph, 71-72
brandy, 42, 70, 182, 186
brassagem, 50, 129
Brettanomyces, 199, 207

[ÍNDICE]

Brewers Company, 60
Brix, 101
broto, 95
Budweiser, 167
Burton, exportação da cerveja a partir de, 198-199
burtonização, 131

Cabernet Sauvignon, 94, 148, 151, 154, 180, 264
calorias, 238-243
campaniformes, povos, 56
cana-de-açúcar, 126
câncer, 234-235
canudos para beber cerveja, 49-50
cápsula de gás nitrogênio, 89, 163, 197-198
Carapils, 124
cáries dentárias, evitadas pelo consumo da cerveja, 232
Carlos Magno, 57-58
Carter, Jimmy, 83-84
casas de cerveja, 68
Cascade, 195
Cassis, 207
celtas, 55, 56
centeio, 116
cerveja
    artesanal, 23-24
    com sabor, 218
    consistência da, 26
    de alto teor alcoólico, 216-218
    de baixo teor alcoólico, 212-214
    de menor teor calórico (*light*), 211-212
    de mesa, 206
    de trigo, 175
    egípcia, 53-54
    imagens relacionadas à, 19
    importada, 23-24
    light, 23
    marketing da, 18
    oferenda para os deuses, 52
    tratamentos finais da, 139
cervejas japonesas, com baixo teor de malte, 219
cevada
    barley wines, 202
    de duas fileiras e seis fileiras, 117-118
    de inverno, 118
    de primavera, 118
    em flocos, 125

lugares onde cresce, 128
principal cereal na fabricação da cerveja, 116
torrificada, 125
variedades de, 117-118
viabilidade da, 120
Chablis, 151, 179, 188
Challenger, 195
Champagne, 111-112, 151, 181, 187, 205
chaptalização, 43, 98
Chardonnay, 83, 94, 109, 111, 139, 151, 154, 174, 179, 180, 181, 188
chicha, 54
Chile, 189
clean-in-place (CIP) (dispositivos internos de limpeza), 103
Cliff, Margaret, 251
clima, e terreno para o cultivo da cevada cervejeira, 120
Clube da Bactéria, 72-73
Clube do Laboratório, 72-73
Collin, Sonia, 243
comida, acompanhada por cerveja ou vinho, 250-256
common brewers ("cervejarias populares"), 69
complexidade, do sabor, maior na cerveja que no vinho, 168-169
Concord, 189
Congresso dos Cervejeiros do Japão, 73
consistência, 26
consumo de bebidas alcoólicas, fatores que influenciam o, 22-24
consumo de cerveja e vinho por país, 21-22
Convenção Europeia dos Fabricantes de Cerveja, 73
convívio, 39
Coors, 27, 74, 76, 88, 212
copo, como despejar a cerveja no, 19
copos, sua importância para a qualidade da cerveja, 176
cor da cerveja, 166
   seu impacto na percepção do sabor, 167
cor do vinho, 150
Crescente Fértil, 35
Criolla, 190
cultivares de uva, 93
curva
   em J, 224
   em U, 224
custo, 28-29

Death, James, 55
degustação de vinho em Paris, 148
degustadores de cerveja, 58
demência, 234

[ÍNDICE]

desempenho sexual, impacto do álcool no, 233
diabetes, risco reduzido pela ingestão moderada de álcool, 231
diacetil, 153, 173-174
dieta de South Beach, 239-240
dimetilsulfeto, 168
dióxido de carbono
   níveis na cerveja, 162
   quantidade no vinho, 180-181
dióxido de enxofre, 101-102
Domesday Book, 40
dormência, 120
Dry Beer, 210-211
dry hopping, 173
Dubonnet, 182
Dunkel, 208

Einstein, Albert, 136
envelhecimento do vinho, 109-110
enxertos entre castas de uva, 95
Escócia, como terra da cerveja Lager, 197
Espanha, 189
espuma
   fatores que determinam a sua estabilidade, 161-162
   impacto no sabor percebido da cerveja, 161
   inibidores da, 164
Estados Unidos, vinhos dos, 189-191
estalagens, 68
estilo de vida mais saudável nos consumidores de vinho, 227
estufagem, 184

fabricação da cerveja
   complexidade da, 115-116
   outros setores de fermentação, 17
fábricas de cerveja
   crescimento do número de, 83-84
   sofisticação das, 25
Faist, Veronika, 232
farinha de trigo, 125
fenícios, 55
fermentação
   malolática, 98, 100, 108, 109, 181, 189
   na fabricação da cerveja, 137-138
ferrocianeto de potássio, 101-102
fertilizante, limitação de seu uso no cultivo do malte cervejeiro, 119
fervura do mosto, 129
filoxera, 43-44

fosfato de diamônio, 99
fox grape, 93-94
Framboise, 207
França, 187
Franzia, Fred, 147
frequência no hábito de beber, mais importante que quantidade, 230-231
frutas, adição à cerveja, 175
Fuggles, 195
função cognitiva beneficiada pelo consumo moderado do álcool, 233-234
função intestinal, 234
Fusarium, 119, 165

Gablinger's, 211-212
Gamay, 188
gelatinização, 129
geosmina, 156
Gewürztraminer, 94, 154, 180, 187
gim, 70
Graves, 188
gravidade específica, sua queda para monitorar o progresso da fermentação, 101
Grobbee, Diederick, 227
Gronbaek, Morten, 227
gruit, 57-58, 218-219
Guinness, 25, 89
gushing (ou "transbordamento"), 165
    causado pelo *Fusarium*, 120
Gymnema sylvestre, 253

Haraszthy, Agoston, 190
Hefeweissen, 165
Helicobacter pylori, 231
Helles, 208-210
Hersbrucker, 195
Heymann, Hildegarde, 251-252
hidromel, 47, 55, 56, 61, 85
hidrômetro, 71
Hino a Ninkasi, 50
Hirvonen, Tero, 231
Hodgson, George, 198
Hordeum distichon, 117-118
Hordeum vulgare, 117-118
Howard, Andrea, 231
Humulus lupulus, 132

Ice Beer, 210-211
Igreja, 40, 80, 213-214

[ÍNDICE]

Imperial Stout, 201-202
India Pale Ale, 198
Inglaterra, 187
Instituto dos Fabricantes de Bebidas Fermentadas e Destiladas, 72-73
isomerização, 172
Itália, 189

Jefferson, Thomas, 77
jogos de *pubs*, 85
Johnson, Samuel, 87

Kalevala, 61
Kastenbaum, Robert, 234
Katz, Solomon, 52
King, Marjorie, 251
Klatsky, Arthur, 226-227, 228
Kloeckera, 99
Klurfeld, Davis, 225-226
Kolsch, 203
Kriek, 207
Kritchevsky, David, 225-226
kvass, 47

Lager
    definição, 196
    origem, 207-208
"lágrimas", 150
Lambic, 168
    variedade de micro-organismos, 206-207
Lambrusco, 154
latitudes
    para o crescimento das uvas, 95
    para o cultivo da uva, 34
    para o cultivo do lúpulo, 132
Lei do Mosto Livre, 72
lei seca, 78-83
    consequências da, 81-82
levedura
    cepas para Ale e Lager, 137
    exigência dos produtores de cerveja em relação às cepas de, 136-137
    população superficial na uva, 93
    seu impacto no sabor da cerveja, 173-174
    sua fonte na antiga fabricação de cerveja, 48
    tipos de, na produção do vinho, 107
light, definições em diferentes países, 198
livros sobre cerveja, 19-20

lora, 39
lupulina, 133
lúpulo
    aromático, 173
    caráter do, 173
    dry, 173
    extratos de, 172
    produtos do, 133-134
    variedades de, 135

maceration carbonique, 109
Mackeson Stout, 233
Madeira, 151, 183, 184
Magna Carta, 60
Maillard, Louis Camille, 166
mal de Alzheimer, 234
mal de Parkinson, benefícios do álcool no combate ao, 232
mal de Pierce, 96-97
malte
    âmbar, 124
    armazenamento do, 128
    Chit, 123
    chocolate, 125
    cristal, 124
    de aveia, 124
    de centeio, 124
    de sorgo, 124
    de trigo, 124
    defumado, 124
    diastásico, 124
    moagem do, 128-129
    Munique, 123
    Pale, 123
    Pilsen, 123
    preto, 125
    sabor do, 127
    tipos de, 122-123
    verde, 123
    Viena, 87123
malteação, motivos para a, 121
malt liquor, 218
Marmite, 138
Marsala, 151, 185-186
Märzen, 208, 209-210
Maytag, Fritz, 52
mel, primeira base das bebidas alcoólicas, 48

[ÍNDICE]

Menella, Julie, 233
Merlot, 94, 179, 180
Mesopotâmia, 49, 52
Meux Horse Shoe Brewery, 200-201
michelada, 218-219
Mild Ale, 199
míldio e oídio, 97
milho, 116
  em flocos, 126
  granulado, 125
Miller, 76-77, 212
Missão, variedade, 190
monastérios, como lugares onde se fabricava cerveja, 57
Moscatel, 94, 105, 154, 182, 183
mulheres fabricantes de cerveja, 60
mumm, 70
murcha verticular, 132
Muscadet, 182
mutágenos, combatidos pelos componentes da cerveja, 237-238

Nathan, Leopold, 73-74
Nation, Carry, 79-80
nitrogênio, gás, utilização na cerveja, 197-198
Nova Zelândia, 189
nutrientes no vinho e na cerveja, 240

Oktoberfest, em setembro, 208
Old Ale, 199
Ordens da Cerveja, 87, 88-89
origens da cerveja, 49
osteoporose, risco reduzido pela ingestão moderada de álcool, 232, 239
Owades, Joe, 211

Pabst, 75, 76
pais peregrinos, 74
Pale Ale, 197, 198
paradoxo francês, 223
Parker, Debbie, 255
Pasteur, Louis, 72
Pearl, Raymond, 224
Peche, 207
pedras na vesícula, risco reduzido pela ingestão moderada de álcool, 231-232
pedras nos rins, risco reduzido pela ingestão moderada de cerveja, 231-232
percepções, do vinho e da cerveja, 258
Pérignon, Dom, 181

"pernas", 150
pH da cerveja, 174-175
Pichia, 99, 207
Pilsen, 209
Pinot Blanc, 94
Pinot Noir, 94, 104, 111, 151, 179, 180, 181, 188
placas dos *pubs*, origens das, 59
Plato, unidade que mede a intensidade do mosto da cerveja, 136
poda, 98
"podridão nobre", 101
polifenóis, 104, 110, 139, 153, 156, 165, 166, 175, 184, 232, 253-254, 255
Porter, 199-201
Porto, 151, 183, 184
    branco, 182
Portugal, 189
posca, 39
Powell, Jonathan, 239
proteína, relação inversa com o rendimento, 119

QI, 233

Rauchbier, 210
Reinheitsgebot, 69, 102, 123, 187, 209
Renaud, Serge, 223
renda, 164
rendimento, do vinho a partir das uvas, 103
resíduos, eliminação de, 111-112, 129
resveratrol, 226, 242, 243
Retsina, 38, 182
Richardson, John, 71
Riesling, 94, 151, 180
Rimm, Eric, 226-227
rolha, gosto no vinho, 156
Roosevelt, Franklin Delano, 83

Saaz, 135, 195
sabor
    nas cervejas antigas, 52, 53
    no vinho, histórico do, 38, 39
Saccharomyces bayanus, 99, 111, 137
Saccharomyces cerevisiae, 98-99, 137
Saccharomyces pastorianus, 137
Sack, 41
Safer, Morley, 223
Saison, 206
sangria, 186

[ÍNDICE]

saúde, 23, 70, 221-243, 259, 260
Sauternes, 101, 151, 188
Sauvignon Blanc, 94, 151, 154, 180, 188
Schlitz, 76, 257
Schwarzbier, 210
Sémillon, 180
sensação em boca, 153, 154
separação do sumo e da casca da uva, 104-105
Shakespeare, William, 232
Shandy, 218
Sierra Nevada, 25-26
silício, a cerveja como rica fonte de, 239
simbolismo, do vinho, 37
simpósios, 39
small beer, 70
sociedade, comunidades sedentárias por causa do vinho e da cerveja, 34-35
Sociedade Americana de Químicos de Cervejarias, 73
sorgo, 116, 219
Spurrier, Steven, 148
Stampfer, Meir, 226-227
St. Leger, Selwyn, 225
Stout, 201-202
"Stout de leite", 202
Streptomycedes, 48
Stroh, Bernard, 76
sulfitos, 243
Suméria, 36, 49, 52, 53, 55
supermercados, como locais onde comprar cerveja e vinho, 227-228
Syrah, 94

tabernas, 57, 68, 79, 141
temperatura
  para servir a cerveja, 220
  para servir o vinho, 191
teor alcoólico, estimativa no vinho pelo Brix, 101
Tepe Gawra, 49
termômetro, 70-71
termovinificação, 105
terroir, 95
  termo mais adequado para a cerveja que para o vinho, 131
tetraciclina, antibiótico da antiga cerveja, 48
Tettnang, 135, 195
Thatcher, Margaret, 87, 88
tireoide, risco menor de seu aumento pelo consumo moderado de álcool, 232
Tokay, 101, 151, 183
Torulaspora, 99
Trapista, 176

Trevithick, John, 230
tributação, 72
tricloroanisol, 156
trigo, 116
   em flocos, 125
   emmer, 49, 55
   torrificado, 125
Two Buck Chuck, 147-148, 263-264

úlceras, risco reduzido pela ingestão moderada de cerveja, 231
urinar, 234
uvas
   colheita das, 102
   critérios na seleção para fabricação de vinho, 95
   local de cultivo, 95
   maturação das, 97
   na história, 34
   variedade das, base para classificar vinhos nos Estados Unidos, 179
Vegemite, 138
Vermute, 151, 183
Vignes, Jean Louis, 190
vindima, 97, 102-103
vinho
   imagens relacionadas ao, 18
   ritual na hora de servir, 26
   Verde, 181, 189
Vitis labrusca, 180
Vitis lubruscana, 93-94
Vitis rotundifolia, 95, 180
Vitis vinifera, 34, 43, 93, 95, 179, 180, 190
Volstead, 82, 83

Weissbier, 203
Weisse, 205
Weizenbier, 203, 204
Wheeler, Daniel, 201
whirlpool, 135-136
Wright, Christine, 259

Xerez, 182-183
   Fino, 155
   oloroso, 151
Xylella fastidiosa, 96

Yuengling, David, 75

Zinfandel, 94, 109-110, 150, 151, 179, 180